Research on Economic
Thought

主　编　王立胜

执行主编　周绍东

经济思想史研究

略谈马克思主义经济思想史的要务与使命

马克思和李嘉图的地租理论的比较研究

社会积累结构与资本主义长波

「民主集中」还是「要民主不要集中」

新时代国有企业改革发展的理论研究述评

「前三十年」为我们提供了什么样的物质基础

山东城市出版传媒集团·济南出版社

图书在版编目(CIP)数据

经济思想史研究. 第3辑/王立胜主编. —济南：
济南出版社,2020.12
ISBN 978 – 7 – 5488 – 4469 – 3

Ⅰ.①经… Ⅱ.①王… Ⅲ.①经济思想史 – 研究 – 世
界 Ⅳ.①F091

中国版本图书馆 CIP 数据核字(2020)第 272729 号

出 版 人 崔 刚
责任编辑 郑 敏
封面设计 侯文英

出版发行 济南出版社
地   址 山东省济南市二环南路 1 号(250002)
发行热线 0531 – 86131728 86922073 86131701
印   刷 天津画中画印刷有限公司
版   次 2021 年 1 月第 1 版
印   次 2024 年 1 月第 2 次印刷
成品尺寸 185mm×260mm 16 开
印   张 8
字   数 180 千
定   价 58.00 元

(济南版图书,如有印装错误,请与出版社联系调换。联系电话:0531 – 86131736)

《经济思想史研究》工作委员会

卷 首 语

　　本卷收录研究论文六篇。其中,马克思主义经济思想史论文两篇,分别是南开大学孙寿涛的《略谈马克思主义经济思想史的要务与使命》,中山大学胡莹的《马克思和李嘉图的地租理论的比较研究——基于〈剩余价值理论〉第二卷的视角》。西方马克思主义经济学思想史论文一篇,即北京大学李梁的《社会积累结构与资本主义长波——评 SSA 学派的长波理论》。东欧经济思想史论文一篇,即西南民族大学王虹的《"民主集中"还是"要民主不要集中"——20 世纪 60 年代中国和东欧政治经济思想的不同走向》。中国特色社会主义政治经济学思想史论文两篇,分别是吉林大学张嘉昕、王艺斌的《新时代国有企业改革发展的理论研究述评》,武汉大学周绍东、曹席的《"前三十年"为我们提供了什么样的物质基础——基于实物指标的经济增长指数研究》。

目　录

略谈马克思主义经济思想史的要务与使命

孙寿涛

摘要：马克思主义经济思想史是马克思主义发展史的分支学科之一，是研究马克思主义经济学诞生以来的各种经济思想理论发生、发展与各个时期的社会主义运动及其与各种社会经济因素相互关系的学科，它有着清理理论/思想遗产、阐明马克思主义经济思想理论演进过程、揭示马克思主义经济思想发展规律的任务。完整而独立的马克思主义经济思想史研究，应做到"会通"与"贯穿"，即实现对马克思主义经济思想史之纵向的主线、主题、线索的研究和横向的共同思想框架的研究。马克思主义经济思想史研究的重要内容之一就是经济思想史评论，对马克思、恩格斯以来的马克思主义经济理论家及其理论著述，都要进行经济思想史评论。为此，我们认为需要特别重视倡导学术论辩和专门人才培养，共同努力，协同推进马克思主义经济思想史学科的健康发展。

关键词：马克思主义　经济思想史　经济思想评论

基金项目：教育部规划基金项目"21 世纪以来发达资本主义国家工人阶级状况研究"（17YJA710024）

马克思主义经济思想史可谓马克思主义发展史和经济思想史的分支学科之

一。伴随着学界关于思想史①、中国思想史②、史学思想史③等的讨论，经济思想史④，甚至服务经济思想史⑤也陆续出现并有丰硕成果面世，亦有专业的学术集刊——《经济思想史研究》于去年创刊。学界对于经济思想史研究的学科意义和学术价值日益重视，关于马克思主义经济思想史的讨论也开始出现⑥。在此背景下，为进一步推动马克思主义经济思想史的学科发展，有关马克思主义经济思想史的研究要务与使命，就有讨论的必要。

一、"深观" 马克思主义经济思想理论 "演进之迹"

众所周知，05 方案以来，马克思主义理论设为一级学科，内含马克思主义基本原理、马克思主义发展史、国外马克思主义等七个二级学科。别的学科先存而不论，我们关注一下马克思主义发展史的研究。如何推进马克思主义发展史研究，从经济思想史入手是非常必要的⑦。换言之，马克思主义发展史研究的重要任务之一正是马克思主义经济思想史研究。

简单说来，马克思主义经济思想史是研究马克思主义经济学诞生以来的各种经济思想理论发生、发展与各个时期的社会主义运动及其与各种社会因素相互关系的学科，它有着清理经济理论/思想遗产、阐明马克思主义经济思想理论演进过程、揭示马克思主义经济思想发展规律的任务。从认识论角度看，马克思主义经济思想史就是对以往的马克思主义经济思想理论进行总结性与写实性相结合的反思，即总括马克思主义经济思想理论的发展历程，剖析经济理论/思

---

① 丁耘. 什么是思想史（思想史研究，第一辑）［M］. 上海：上海人民出版社，2006.
② 葛兆光. 中国思想史（第 2 版）（三卷）［M］. 上海：复旦大学出版社，2013.
③ 乔治忠. 谈谈中国史学史的要务及使命［N］. 中国社会科学报，2019 – 09 – 09.
④ 顾海良. 新编经济思想史（11 册）［M］. 北京：经济科学出版社，2016.
⑤ 让·克洛德·德劳内，让·盖雷. 服务经济思想史［M］. 江小涓，译. 上海：上海人民出版社，2011.
⑥ 张林认为，我们应该重视经济思想史的三个子学科——马克思主义经济思想史、中国经济思想史和外国经济思想史——的研究，在构建完善中国特色社会主义政治经济学理论体系中发挥其作用。张林. 经济思想史研究在构建完善中国特色社会主义政治经济学中的作用［N］. 光明日报，2019 – 06 – 18（11）.
⑦ 葛兆光认为："思想史在某种意义上来说，就是'关于社会、人类和历史的知识与观念'是如何在背景中被建构起来的历史时间系谱。"葛兆光. 中国思想史·导论·思想史的写法（第 2 版）［M］. 上海：复旦大学出版社，2013：146 – 147.

想遗产中的优劣、得失，系统描述马克思主义经济思想的发展状况。梁启超曾言道："治一学而不深观其历史演进之迹，是全然蔑视时间关系，而兹学系统终未由明瞭。"① 马克思主义经济思想理论的"历史演进之迹"，就是要通过马克思主义经济思想史的研究来"深观"，因此，建设一个成熟的中国马克思主义经济思想史的学术体系，对马克思主义发展史学科乃至整个马克思主义理论学科的整体发展来说具有极其重要的意义。

近年来，各学科相关的马克思主义的思想史研究成果相当丰富②。但毋庸讳言，完整而独立的"马克思主义经济思想史"研究还未获得足够的重视，其自身的学科建设还应该加强，所应担负的学术使命更需加以明晰。完整而独立的马克思主义经济思想史研究，正如有学者倡导的中国近代思想史研究一样，也应做到"通"（即"会通"）与"贯"（即"贯穿"）。③

所谓"通"或"会通"，就是会合融会、疏通贯通。"会通"，是"中国传统史学观察历史的一种哲学理念和研究方法，指将搜集到的各种史料文献作融会贯通的理解，包括对历史发展的全过程（纵向）和各个方面（横向）进行全面和系统的观察和研究，以求得对历史整体和历史发展规律的认识"④。这种"通"或"会通"的理念源远流长。《易·系辞上》："圣人……观其会通，以行其典礼。"孔颖达疏："观看其物之会合变通。"南宋郑樵认为："会通之义大矣哉！自书契以来，立言者虽多，惟仲尼以天纵之圣，故总《诗》《书》《礼》《乐》而会于一手，然后能同天下之文，贯二帝三王而通为一家，然后能极古今之变。"（《通志·总序》）他还说道："天下之理不可以不会，古今之道不可以不通。"（《上宰相书》）近代张之洞则认为："《易传》言'通'者数十，好学深

---

① 梁启超. 中国历史研究法 [M]. 上海：上海古籍出版社，1998：38.

② 最为典型的如，于沛. 马克思主义史学思想史（6卷本）[M]. 北京：中国社会科学出版社，2015. 许明等. 马克思主义美学思想史（全四册）[M]. 北京：中央编译出版社，1999. 李义天. 深度耕耘马克思主义伦理思想史 [N]. 中国社会科学报，2019-10-22. 钟金洪. 马克思主义社会学思想史 [M]. 北京：中国时代经济出版社，2001. 瞿林东评价道，于沛主编的6卷本《马克思主义史学思想史》，纲领宏大、论述翔实，是一部开创性著作. 瞿林东. 探索史学历史促进史学发展——新中国70年史学史研究的繁荣发展 [N]. 人民日报，2019-11-04.

③ 郑大华. 中国近代思想史研究的"通"与"贯"[J]. 史学月刊，2019（6）.

④ 张岱年. 中国哲学大辞典（修订本）[M]. 上海：上海辞书出版社，2014：309.

思，心知其意，是谓通。难为浅见寡闻道，是谓不通。"（《劝学篇·会通十三》）综上可见，所谓"通"或"会通"，从纵向说是"古今通""极古今之变"、通古今之道，对历史发展过程进行历时性的考察探究；从横向说是"中西通""同天下之文""会天下之理"，对中学西学进行共时性的比较分析。另外，由于现代学术分科设置的建立，有学人又提出学科上的"文理通"。何兆武先生曾将"清华学派"精神归结为"会通古今、会通中西和会通文理"①。对于马克思主义研究而言，还有理论与实践的统一问题。以此来看，欲"深观"马克思主义经济思想理论"演进之迹"的中国马克思主义经济思想史研究，也需做到历史与现实、东方与西方、人文与科学，以及理论与实践的"会通"——"观其会通，求其会通，探寻公理"②。

所谓"贯"或"贯穿"，就是"一以贯之"。"一以贯之"出自《论语》："子曰：'参乎！吾道一以贯之。'曾子曰：'唯。'子出，门人问曰：'何谓也？'曾子曰：'夫子之道，忠恕而已矣。'"（《论语·里仁》）意即"忠恕"可以贯穿孔子学说的全部道理。马克思主义经济思想史，从纵向看也存在"一以贯之"的主线、主题、线索；从横向看存在着覆盖同一时期不同思潮的共同思想框架。这方面，需要运用习近平总书记倡导的大历史观来指导我们的马克思主义经济思想史研究。在谈到中国特色社会主义道路时，习近平总书记指出："这条道路来之不易，它是在改革开放 30 多年的伟大实践中走出来的，是在中华人民共和国成立 60 多年的持续探索中走出来的，是在对近代以来 180 多年中华民族发展历程的深刻总结中走出来的，是在对中华民族 5000 多年悠久文明的传承中走出来的，具有深厚的历史渊源和广泛的现实基础。"③ 这里，他持的就是一种大历史观，这种大历史观打通了当代（改革开放 40 多年的伟大实践和中华人民共和国成立 70 多年的持续探索）、近代（近代以来 180 多年中华民族发展历程的深刻总结）和古代（中华民族 5000 多年悠久文明的传承），以此说明中国特色社

---

① 何兆武. 也谈"清华学派"——《释古与清华学派》序//徐葆耕. 释古与清华学派 [M]. 清华大学出版社, 1997: 1.

② 吴根友. 判教与比较：比较哲学探论 [M]. 上海：中国出版集团东方出版中心, 2019 (10).

③ 习近平. 在第十二届全国人民代表大会第一次会议上的讲话//习近平谈治国理政：第一卷 [M]. 北京：外文出版社, 2018: 39-40.

会主义道路的"来之不易"。这种大历史观指导下的对马克思主义经济思想史"贯"的研究，应该重在对马克思主义经济思想史之纵向的主线、主题、线索的研究和横向的共同思想框架的研究，这种研究很显然有助于彰显马克思主义经济思想理论的指导作用，提升马克思主义发展史乃至整个马克思主义理论学科建设的学术品格。

二、 重视倡导学术论辩与人才培养

欲推动完整而独立的马克思主义经济思想史建设，推动其成为一个成熟、健全的学术体系，至少有以下几项要务需要进行。

第一，应当开展马克思主义经济思想史学科内的学术论辩。马克思主义经济思想理论研究经过 100 余年的积累，留下诸多成果，也积存了诸多意见分歧。因种种因素的制约，许多分歧不仅未能得到化解，甚至根本未曾讨论而各说各话。这类弊病当然也存在于整个马克思主义学科甚或不止于此。长此以往，会造成学术表面繁荣而实际滑坡的后果。

目前还没有独立的系统的马克思主义经济思想史专著或教科书，个别见用"马克思主义经济思想史"的文章在体系上亦各有不同，在具体见解上也有颇多冲突。虽说不同学术见解的存在是正常状况，但从逻辑上看，马克思主义经济思想史的发展是一个客观的历程，我们对此历程固然会有多种认知，这些不同的认知甚至可能都不甚正确，但符合真实状况的认识体系，显然应当只有一种。因此，对于马克思主义经济思想史整体历程的认知，必须开展热烈、认真的论辩，相互取长补短，消除误判，以求真、求是的准则，推动趋向于共识的建立。

许多重要的具体学术问题，存在观点不同乃至见解冲突的问题，但人们似乎不太关注其中的正确与讹误，缺乏充分的学术讨论，或根本就没有经过讨论，以致歧说并行，莫衷一是。这会使初学者迷茫一时，无所适从，更令本学科其他专业的学者误以为马克思主义经济思想史研究陷于困境，游移不定，凡事难于论证。

学术论辩是学术发展和繁荣不可或缺的条件，正如马克思所说："每个小学生都知道的东西，即真理通过论战而确立，历史事实从相互矛盾的论断中得出。"① 无论宏观的主线、主题、线索研究抑或微观的人物、学派、事件、概念研究，无论历史论析还是史事考订，见解分歧都应当通过论辩来求真、求是。无论是学术论辩的参与者还是关注者，均会从论辩中增长见识、获得启迪，促使学术研究水平提升。在近年来的学术研究中，在许多问题上学术论辩往往缺席，对此，我们需要大加倡导和恢复，否则不足以挽颓风而获学术活力。

第二，马克思主义经济思想史学科需要培养更精良的专业人才。马克思主义经济思想史专业既要审视和反思整个马克思主义经济思想理论发展历程，也必须审视大量而多样的马克思主义经济学学术活动和理论著述，这对本专业人员的知识结构、研究能力有很高的要求。首先，理论思维能力是研究马克思主义经济思想史的重要条件，舍此不能形成精深的理论洞察力。其次，马克思主义经济思想史具有思想评论的职责，而马克思主义学科中不少专业拥有较为特殊的知识和技能，如文献甚至笔迹的辨识、档案学知识的掌握、某种特殊文本的阅读等。为此，作为马克思主义学科理论著述的审视者，研究者要具有高水平的逻辑思维能力，要具备广而深的知识结构。在学术队伍中，更要有一批掌握思想史特殊治学技能的学者，诸如文本考据、经典文献和各外语语种等领域，至少要有一些初入门径之人，非此不容易对相应专业的理论著述予以评论。马克思主义经济思想史学科建设不可缺少对各种人才的培养，为此，我们需要有目标地培养各有专长的研究者。在整个马克思主义经济思想史学术队伍中，只有人才技艺基本齐备，且能协同合作，马克思主义经济思想史的学科地位才能达到应有的高度。目前，这还是一个薄弱环节，希望业内同仁予以关注，开拓广阔的人才培养方向，也希望年轻学子踊跃学习，优化提升自己的知识结构。

---

① 马克思恩格斯全集：第49卷［M］. 北京：人民出版社，2016：449.

三、 保障马克思主义学科的健康发展

马克思主义经济思想史学科的性质，决定其不仅要致力于本学科的发展，而且关乎马克思主义发展史乃至整个马克思主义理论学科的健康发展，学术使命伟大又艰巨。

首先，促进马克思主义理论研究水平的提升。在七个二级学科中，属于马克思主义发展史的马克思主义经济思想史研究与马克思主义基本原理最为密切，但二者在研究对象上有明显区别：马克思主义基本原理是对客观社会实际或客观社会历史的系统性概括，马克思主义经济思想史则是对100余年来马克思主义经济理论或思想发展状况的概括和反思。这就是说，马克思主义基本原理应当从马克思主义经济思想史研究的可信成果出发，以马克思主义经济思想史研究为基点，概括和抽象出理论化的总结，建立自己的学科体系。这方面，马克思的《资本论》前三卷与第四卷《剩余价值理论》无疑从整体上很好地体现了这种经济原理研究与经济思想史论析的互动，甚至《资本论》第一卷本身也在经济原理的阐释论证中渗透着经济思想史的评析①。正如有学者评价的："马克思的《剩余价值理论》是思想史研究的典范之作，记述了'政治经济学规律最先以怎样的历史路标的形式被揭示出来并得到进一步发展'，同时依据思想史素材阐述和发挥自己的理论，为《资本论》的写作奠定了基础。"②

其次，对马克思主义经济思想理论发展规律进行探索。简言之，马克思主义经济思想史研究有三大任务：一是清理思想/理论遗产，二是阐明马克思主义经济思想理论发展进程，三是揭示马克思主义经济理论发展规律。三项任务之间，前项是后项的基础，后项是前项的指导，各项任务有机结合在一起，共同构成马克思主义经济思想史研究的主要内容。只有对理论/思想遗产作出一定程

---

① 顾海良. 新编经济思想史（序卷）：新编经济思想史概论［M］. 北京：经济科学出版社，2016：269-280.
② 张林. 经济思想史研究在构建完善中国特色社会主义政治经济学中的作用［N］. 光明日报，2019-06-18（11）.

度的清理①，才能较好地阐述马克思主义经济思想/理论的演进过程；只有对经济思想/理论的演进过程有了比较清晰的理解，才能探讨马克思主义经济思想/理论发展的规律；只有在对马克思主义经济思想理论发展规律的探讨中，才能更深切地理解马克思主义经济思想/理论近 200 年的演进，同时深化对于具体经济思想/理论遗产的研究。对于任何一门学科而言，探索规律，都无疑是一项艰巨的学术工作，但马克思主义经济理论的发展连续不断，乃是探索其规律性的优越条件，这项学术任务完全具有现实可行性。马克思主义经济思想史研究，不应满足于对历来马克思主义经济思想/理论著述活动状况的叙述，还要考察其发展的社会环境与内在动力，并将中国与西方的马克思主义经济思想史予以辩证的比较研究。依据唯物辩证法的基本原理，通过解析马克思主义经济思想/理论发展的内在矛盾，就能找到揭示思想/理论发展规律的路径。探索思想/理论的发展规律，是将马克思主义经济思想史研究提升到理论层次的基本途径，不仅会促使本专业学术体系的成熟化，而且这种率先揭示马克思主义经济思想/理论发展规律的示范，必将推动整个马克思主义学术研究的深化。

最后，鼓励以求真、求是为宗旨的马克思主义经济思想史评论。从研究对象看，和其他学科的思想史研究类似，马克思主义经济思想史也主要研究思想、人物（或流派）、方法和事件这四个方面的内容。② 在所有研究中，均涉及经济思想史评论。研究理论家及其理论著述，都要进行评论。这种评论不仅针对历史上既往的理论家和理论著述，而且完全应该延伸到学界当下的马克思主义理论研究活动。马克思主义经济思想史研究进行的经济思想史评论，既与整个学界的学术评论一样，需要恪守严肃的学术标准，又与一般的评论有所区别，那

---

① 目前看来，这种清理的途径之一是马克思主义术语的概念史研究。作为一个研究领域或研究方法的概念史研究于 20 世纪六七十年代在西方正式出现。德国汉学家李博（Wolfgang Lippent）是较早对汉语中的马克思主义术语进行概念史研究的学者。1978 年，其著作《汉语中的马克思主义术语的起源与作用：从词汇—概念角度看日本和中国对马克思主义的接受》在德国出版了德文版。2003 年，中国社会科学出版社出版该书中文版。该书提炼数十个具有重要影响和研究意义的马克思主义术语，涵盖马克思主义理论中诸多核心概念，如"矛盾""辩证法""唯物主义""实践""生产力""生产关系""资本""劳动""价值""革命""社会主义""共产主义"等，为此后的深化研究提供了重要指引和参考。该书可视为马克思主义术语概念史研究的开端。参见：王士皓. 在概念史中研究马克思主义术语 [N]. 中国社会科学报，2019 - 10 - 15.

② 张林. 经济思想史研究在构建完善中国特色社会主义政治经济学中的作用 [N]. 光明日报，2019 - 06 - 18 (11).

就是要将评论对象置于马克思主义经济思想史长期发展的进程中，予以定性与定位分析，看其对马克思主义理论学科的健康发展是否作出了贡献。这样的评论，学术性大为增强，而较少受其他因素的干扰，这是一个极大的优点。这种评论的对象之一就是学术论争。近来，已有论著围绕着十大问题呈现 20 世纪西方经济学界对马克思经济学研究和论争的主要问题和脉络，凸显西方资本主义发展对马克思主义经济学提出的新课题，展现西方马克思主义经济学研究的趋势与倾向。①

这方面，马克思是我们学习的榜样②。在《资本论》第一卷马克思提到洛贝尔图斯的著作时评价道："该著作提出的地租理论虽然是错误的，但他看出了资本主义生产的本质。"针对此评价，恩格斯在第 3 版补注中特别指出："从这里可以看出，只要马克思在前人那里看到任何真正的进步和任何正确的新思想，他总是对他们作出善意的评价。"③ 在论析穆勒《政治经济学原理》关于资本积累的观点时，马克思特别指出："为了避免误解，我说明一下，像约·斯·穆勒这类人由于他们的陈旧的经济学教条和他们的现代倾向发生矛盾，固然应当受到谴责，但是，如果把他们和庸俗经济学的一帮辩护士混为一谈，也是很不公平的。"④ 可见，马克思在其政治经济学研究中，"从来不拒绝吸收和借鉴西方主流经济学及其他各种经济学和流派有意义和有价值的理论观点，也从来不抹杀其中存在的学术价值"⑤。这正是我们进行马克思主义研究特别是马克思主义经济思想史评论所应持的态度和立场。

假如一位理论家、一套著述或一项大的学术活动，对马克思主义理论学科的健康发展没有起到什么作用，在将来的经济思想史著述中难以提及，或者即便提及，却只能是负面的评析，那么，不管其曾有过多少人捧场，也不论其曾得到什么大奖，终归会黯然失色，且只能反映该时期学术风气的浮躁、学术机

---

① 顾海良. 百年论争——20 世纪西方学者马克思经济学研究述要［M］. 北京：经济科学出版社，2015.
② 作为《资本论》第四卷的《剩余价值学说史》（《剩余价值理论》）无疑是马克思主义思想史研究的典范.
③ 马克思. 资本论：第一卷［M］. 北京：人民出版社，2004：608 注（17）.
④ 马克思. 资本论：第一卷［M］. 北京：人民出版社，2004：705 注（65）.
⑤ 顾海良. 马克思对经济思想流派及其历史发展的探索——马克思《巴师夏和凯里》手稿读解［J］. 2018（3）.

制的偏颇。所以，马克思主义经济思想史视野下的评论（或评鉴）应是对以往理论研究的最终审判。这种评论类似于中国古代佛教所说的"判教"①。这种"判教"，对于端正学术风气、推动马克思主义理论学科的健康发展，具有十分积极的作用。

从长久来看，马克思主义经济思想史研究迟早要将现当代的学术状况纳入学术研究的范围，历史地审视各个理论家、著述、学术制度以及学术活动的内容、价值与影响，淘汰曾经泛起的沉渣，批判喧嚣一时的浮躁，推崇具备学术价值的成果。这是成熟的马克思主义经济思想史学术体系必然要做、不得不做的评判。马克思主义经济思想史专业的每个从业学者，应该明确职责，勇于承担这项艰巨的任务。

马克思主义经济思想史的学术使命关系到马克思主义发展史甚至整个马克思主义理论学科的健康发展。要实现这些使命，不仅面临学科建设的难度，同时还会遇到很大的阻力，这需要业内同仁取得共识，为此长期不懈努力，团结奋斗。

参考文献

［1］刘怀玉. 简论马克思主义思想史的发展性、多样性与边界性——兼议后现代思想史学的挑战与启示［J］. 北方论丛，2017（02）：15 – 21.

［2］王增福. 马克思主义思想史视阈下不平衡发展问题研究的再创新——《不平衡发展：从马克思到尼尔·史密斯》一书简评［J］. 湘潮（下半月），2016（05）：38 – 39.

［3］刘森林. "前后左右"地拓展马克思主义思想史研究视域［J］. 理论视野，2014（12）：19 – 20.

［4］刘怀玉. 马克思主义思想史三题［J］. 理论视野，2014（12）：21 – 22.

［5］焦佩锋. "犹太人问题"的现代性透视——基于马克思主义思想史的研究视角［J］. 教学与研究，2014（10）：24 – 29.

---

① "判教"，系佛教名相。佛教史上各宗常常依凭本教派对佛教教义的知会理解，而对其他教派所阐述的佛理学说加以评说，以期对佛教教义内在理论逻辑进行分析与研判，是谓"判教"。参见吴根友. 判教与比较：比较哲学探论［M］. 上海：中国出版集团东方出版中心，2019.

［6］姚顺良，夏凡.《关于费尔巴哈的提纲》写作时间的判定及其思想史定位——兼论文献考证与马克思主义思想史研究的关系［J］．马克思主义研究，2008（08）：87－93.

［7］李衍柱．马克思主义思想史上的新篇章——科学发展观研究报告（一）［J］．山东师范大学学报（人文社会科学版），2008（04）：3－12.

［8］罗维．政治妥协的马克思主义思想史考察［J］．社会科学战线，2008（06）：277－278.

［9］顾海良."崩溃"理论：历史与现实的思考——读《资本主义的崩溃：1883－1983年西方马克思主义思想史》［J］．马克思主义与现实，1992（03）：120－125.

（作者单位：南开大学马克思主义学院）

马克思和李嘉图的地租理论的比较研究

——基于《剩余价值理论》第二卷的视角

胡　莹

摘要：绝对地租理论是马克思地租理论的核心，也是《剩余价值理论》第二卷在政治经济学上最大的收获之一。李嘉图阐明了级差地租产生的原因，指出地租不是商品价格的构成部分，说明了地租与劳动价值论并不矛盾。李嘉图把地租理论同价值法则联系起来，这是他重要的理论贡献。在劳动价值论的基础上，马克思在李嘉图的地租理论中增加了绝对地租理论，并对其级差地租理论进行了改造。马克思指出李嘉图的错误在于混淆了价值与生产价格的区别。李嘉图的动态地租理论是以土地向下线推移为前提的，把当时英国农业发展的历史情况绝对化、扩大化了。马克思具体分析了新耕地加入之后农产品供给与需求的变化对地租产生的影响，研究了农业资本之间的竞争问题。尽管李嘉图已经假定资产阶级的生产是规定地租的必要前提，但是他将其运用于一切时代和一切国家的土地所有权。马克思的地租理论呈现出有别于李嘉图的历史思维和辩证方法，经济范畴的逻辑发展是现实发展的历史过程的反映。

关键词：绝对地租　级差地租　生产价格　土地所有权

基金项目：教育部人文社会科学研究规划基金项目"马克思主义思想史视野中马克思与李嘉图的学术关系分析及其当代价值研究"（20YJA710011）

《剩余价值理论》是马克思撰写的经济思想史著作。《剩余价值学说史》第二卷集中表达了马克思对李嘉图经济理论的看法，其中地租理论占据了该卷篇幅的三分之二左右。绝对地租是马克思全部地租理论的基础，级差地租只是一个附带的现象。在《剩余价值理论》第二卷中，绝对地租理论第一次完整清晰地呈现出来，这是《剩余价值理论》第二卷在政治经济学上最大的收获之一。1815 年到 1816 年的谷物论战对李嘉图经济理论的影响是直接的，当时，英国社会普遍感到一种不安，认为取消谷物进口的限制将导致一般物价的下跌。像过去一样，此时的李嘉图仍然深信谷物贸易自由是可取的，所以他力图用他的价值理论与地租理论来解释谷物价格的形成和变动问题。在李嘉图的代表性著作《政治经济学及其赋税原理》中，地租理论也占据了较重要的地位。所以，当我们探讨马克思与李嘉图之间的学术关系时，从具体理论内容的角度来看，地租理论是不能被忽视的一个部分。

一、 李嘉图地租理论的基本观点及马克思对其的评价

1. 李嘉图地租理论的基本观点

从理论原因来看，李嘉图对地租问题的探讨主要是为了将其劳动价值论贯穿在地租理论当中。"土地的占有以及随之而产生的地租，能不能不涉及生产所必需的劳动量而造成商品相对价值的变动。为了了解本问题的这一部分，我们必需研究地租的性质和规定地租涨落的法则。"[①] 从实践原因来看，1815 年到 1816 年英国关于谷物价格、取消谷物进口限制的论战也促使李嘉图对地租问题给予了高度的关注。他阐明了级差地租产生的原因，指出地租不是商品价格的构成部分，说明了地租与劳动价值论并不矛盾，把矛头对准地主即地租获得者，而不是农业资本家。李嘉图的全部理论和政策主张都是以反对和消除一切阻碍资本利润提高和生产力发展的因素为宗旨的。

---

① 大卫·李嘉图. 政治经济学及赋税原理［M］. 郭大力，王亚南，译. 北京：商务印书馆，2013：53.

李嘉图将地租定义为"为使用土地的缘由和不可摧毁的生产力而付给地主的那一部分土地产品"①，它是农业资本家付给土地所有者的费用。他区别了为了两种不同的目的而支付的地租：一是为了获得砍伐和售卖木材的权利而支付地租，二是为了获得栽种木材的权利而支付地租。第一种是为了利润，第二种是为了土地的生产力。为了从矿坑中可以取出的炭块或石块的价值而支付的地租，和土地原有和不可摧毁的生产力没有关系。这种区别在地租和利润的研究中是有必要的，因为规定地租发展的法则和规定利润发展的法则是不同的。在当时的英国，每年付给地主兼具利润与地租两种性质的报酬，有时会由于互相对立的原因而保持不变，有时又由于其中某一原因占优势而有所增减。

关于地租产生的原因，李嘉图认为，使用土地支付地租，只是因为土地的数量并非无限，质量也不是相同的，并且因为在人口的增长过程中，质量和位置较差的土地也投入耕种了。在社会发展过程中，当次等肥力的土地也投入耕种，头等的土地马上就开始有了地租，而地租差额取决于这两份土地在质量上的差别。当质量较差的土地投入耕种时，农产品的交换价值就会上涨，因为生产所需的劳动量增加了。一切商品，不论是工业制造品、矿产品还是土地产品，规定其交换价值永远不是在极为有利的条件下进行生产时所耗费的较小量劳动，而是不享有这种便利的人进行生产时所必须投入的较大量劳动。为了证明其劳动价值论与地租理论的一致性，李嘉图指出："农产品的相对价值之所以上升，只是因为所获产品的最后一部分在生产中使用了更多的劳动，而不是因为对地主支付了地租。"② 在他看来，谷物价格高昂不是因为支付了地租，相反地，支付地租倒是因为谷物昂贵。地租不是商品价格的构成部分。对此，马克思给予了高度的肯定，认为"李嘉图把地租理论同价值规定这样直接地、有意识地联系起来，这是他的理论贡献"③。

那么，马克思如何看待谷物价格和地租的关系问题？马克思首先区分了谷

① 大卫·李嘉图. 政治经济学及赋税原理 [M]. 郭大力，王亚南，译. 北京：商务印书馆，2013：53.
② 大卫·李嘉图. 政治经济学及赋税原理 [M]. 郭大力，王亚南，译. 北京：商务印书馆，2013：59.
③ 马克思. 剩余价值理论：第二卷 [M] //马克思恩格斯全集：第34卷. 北京：人民出版社，2008：270-271.

物的价值与生产价格。从理论上来说，谷物不是按照生产价格出售，而是按照其价值出售。和其他商品一样，谷物的价值由不变资本 C、可变资本 V 和剩余价值 M 三部分构成。谷物价值能在多大程度上得以实现，取决于当时的市场情况。而谷物的生产价格 S 由 C、V 和平均利润 P 三部分构成。S 超过 P 的余额即为地租，平均利润和地租都来源于剩余价值 M。在租地农业资本家看来，地租是已定的，就像在工业资本家看来一般利润率是已定的一样。所以，农业资本家和工业资本家的计算方法是相同的：先计算不变资本的垫支 C，然后计算工资 V，再计算平均利润 P，最后计算地租。因为对于他来说，地租像是早就已经确定的。这就是地租容易被当成谷物价格的构成要素的主要原因。李嘉图不同意斯密的观点，认为地租决不会加在生产价值内，从事实层面来看这是正确的，但他没有从价值和生产价格有别这一点来证明。马克思指出，只要对生产价格和价值的区别有适当的把握，地租就决不会作为构成生产价格的部分，加在生产价格之内了。级差地租和剩余利润一样不加在生产价格之内，因为级差地租常常只是当时市场上的生产价格在个别的生产价格以上的超过部分，或是市场价值在个别价值以上的超过部分。

李嘉图在安特生级差地租原理的影响之下，结合英国当时的情况，认为地租就是级差地租。当时英国已经完成了原始资本的积累，在工业和农业生产日趋发展的情况下，谷物价格日益上涨。而英国本国领土狭小，为了满足日益增长的谷物需要，唯有不断扩大劣等地的耕种，从而造成了地租不断上升。李嘉图目睹这些情况后，不仅接受了安特生的级差地租理论，而且更进一步地认为劣等地耕种的扩大是绝对的、不可避免的。如果不是农业生产技术有所改善，劣等地耕种的扩大一定会不断地继续发展下去。李嘉图的级差地租理论，就是这样提出来的。

2. 李嘉图对土地所有权的认识

李嘉图只有级差地租理论而没有绝对地租理论，他认为在最劣等的土地上耕种的农业资本家是不需要给地主交付地租的。为什么在不获得地租的情况下最劣等的土地也能被耕种，为什么地主愿意无偿将土地交给农业资本家使用呢？

根据土地私有制的原则，地主是不会白白让别人使用土地的。因此，只要土地是私有的，绝对地租必定是存在的。可是，在李嘉图论述地租的过程中，却只谈因土地肥力不同而产生的级差地租，而不提作为土地私有直接产物的绝对地租。李嘉图说："富于丰饶土地的地区最初拓殖时，维持实存人口所需耕种的土地只是其中极小一部分；或者说，用当时的人口所能支配的资本所能耕种的土地的确也是很少。这时不会有地租。当未被人占有而愿意耕种的人可以随意支配的土地还很丰富时，没有人会为使用土地而支付代价。"[1] 在这里，也是以没有土地所有权作为前提的。这个过程的叙述，对于近代国民的殖民运动，虽然大体是正确的，但对于发达国家的资本主义生产已经是不妥当的，如果当作旧欧洲的历史进程看，那就是错误的。

李嘉图在批判斯密的地租理论时，曾在论述矿山租金的场合尽可能地接近了现实的地租原则。他说："但是假定该处没有不提供地租的土地，那么最劣等的土地上的地租额便会与超过资本支出及其一般利润的剩余产品的价值成比例。肥力比这略大一些的土地以及位置比这略好一些的土地的地租也都是由这一原则支配的。"[2] 在这里，最劣等土地的地租额等于"超过资本支出及其一般利润的剩余产品的价值"。令李嘉图困惑的是，这是跟他自己的价值法则相反的，这种超过额是不能存在的。因为他接受了斯密的看法，认为生产物的价值与其生产价格是相等的。

马克思对土地所有权进行了历史性考察。如果最劣等的土地会被继续耕种，那只是因为土地所有者自己就是农民，从而土地所有权不会与资本相对立。或者，因为农民是一个小资本家，他情愿只得到一般利润率以下的利益，而把剩余劳动即利润的一部分以地租的形式让渡给土地所有者。但是，从政治经济学的角度来说，这里是没有地租的。另一种情况是，当英国殖民开始时，土地是由政府赠予，从而有法律上的土地所有权存在。"政府在实际上设置了土地所有权，以非常便宜的价格出卖土地，如美国的情况，1 美元或大致这么多的东西可

---

[1] 大卫·李嘉图. 政治经济学及赋税原理 [M]. 郭大力，王亚南，译. 北京：商务印书馆，2013：54 – 55.

[2] 大卫·李嘉图. 政治经济学及赋税原理 [M]. 郭大力，王亚南，译. 北京：商务印书馆，2013：280.

买 1 英亩土地。"① 在这种情况下，资本主义生产尚未在农业中占统治地位。土地所有权虽已在法理上存在，但在事实上不过偶然地存在着，严格来说只能算是土地占有权。虽然土地所有权在法律上存在着，但由于土地对劳动和资本来说是自然要素的关系，它还不能对资本进行抵抗，还不能把农业变成与非农业生产部门有别的、对投资进行特殊抵抗的活动场所。这是一种资本和劳动的原始存在，土地不会对资本的竞争产生任何阻力，也没有和土地所有者不同的租地农业资本家。以上情形都和绝对地租存在的前提没有关系。在《哲学的贫困》中，马克思曾经这样评价李嘉图的土地所有权思想："李嘉图所说的租就是资产阶级状态的土地所有权，也就是已经从属于资本主义生产条件的封建所有权。""尽管李嘉图已经假定资产阶级的生产是地租的必要前提，但是他仍然把他的地租概念用于一切时代和一切国家的土地所有权。这就是把资产阶级的生产关系当作永恒范畴的一切经济学家的通病。"② 在生产只由资本统治时，不会有绝对地租存在。只有在土地所有权与资本相对立，土地所有者有权限制资本对生产的排他管理权时，才会产生绝对地租。马克思指出："在土地所有权——实际上或法律上——不存在的地方，不会有绝对地租存在。土地所有权的恰当表现，是绝对地租，而不是级差地租。"③

3. 李嘉图混淆了价值与生产价格的区别

在劳动价值论的基础上，马克思在李嘉图的地租理论中增加了绝对地租理论，并对其级差地租理论进行了改造。马克思指出："绝对地租是原产品价值超过平均价格的余额。级差地租是比较肥沃的土地上生产的产品的市场价格超过这种比较肥沃的土地自己产品的价值的余额。"④ 绝对地租产生的前提是：一方面，资本主义生产有所发展，另一方面，又有土地所有权。这种土地所有权不仅在法理上存在，而且在事实上对资本产生阻力，在资本面前保卫自己的活动领域，并只在一定条件下把这种活动领域交给资本。马克思认为，农业的资本

---

① 马克思. 剩余价值理论：第二卷 [M] //马克思恩格斯全集：第 34 卷. 北京：人民出版社，2008：335.

② 马克思恩格斯文集：第一卷 [M]. 北京：人民出版社，2009：641，644.

③ 马克思. 剩余价值理论：第二卷 [M] //马克思恩格斯全集：第 34 卷. 北京：人民出版社，2008：370 - 371.

④ 马克思. 剩余价值理论：第二卷 [M] //马克思恩格斯全集：第 34 卷. 北京：人民出版社，2008：156.

有机构成低于工业，农产品价值高于生产价格。不同于工业资本竞争，土地所有权的存在使得农产品价值高出生产价格的部分不加入一般利润率均衡化的过程，从而形成绝对地租。从数值上来看，绝对地租是土地生产物的价值超过其生产价格的余额。李嘉图假定，在不提供地租的土地上，生产物的价格等于它的价值，即等于垫支资本加平均利润。所以，他错误地认为，商品的价值等于商品的生产价格。只要这个错误的前提被否定了，绝对地租就是可能的。因为土地所有权的存在，农业资本不像工业资本一样参与到利润一般化的过程中来，农产品的价值也不会均衡化为生产价格。因此，农产品可以按照其价值出售，而不是按照生产价格出售。而农业生产的资本有机构成往往是高于工业的，农业生产中不变资本所占的比重较高，利润率也高于工业生产。这样一来，农产品的价值高于生产价格的部分就形成了绝对地租。马克思的这种见解，既承认土地所有权与绝对地租有关，又和价值法则保持了一致。

李嘉图的地租理论是级差地租理论，他认为地租是一般利润以上的剩余。马克思指出，这造成了与其价值法则的矛盾。李嘉图的错误在于混淆了价值与平均价格（生产价格）的区别。李嘉图将平均利润错误地看成是剩余价值，其根源仍然在于他将生产价格与价值等同起来。李嘉图的这个错误，源于他在陈述其地租学说时所使用的两个命题。它们所表示的竞争的影响，不但不是同一的，而且正好是相反的。第一个命题是：同一部门的生产物，会依照相同的市场价值售卖，从而竞争会带来不同的利润率。第二个命题是：每个投资的利润率必须是同一的，从而，竞争会引起一般的利润率。马克思指出，第一个命题适用于投在同一生产部门内不同的独立的资本，第二个命题适用于投在不同生产部门的各个资本。

在同一生产部门，竞争的作用使该部门商品的价值由生产这种商品平均必要的劳动时间决定，从而决定了商品的市场价值。在不同生产部门，竞争的作用是由不同的市场价值，均衡为和市场价值有别的生产价格，以便在不同部门间形成相同的一般利润率。第二种竞争的结果，绝不是使商品价格与商品价值归于同一，而是使它们的价值转化为与这种价值有别的生产价格。李嘉图考察的只是这后一种运动，特别把这种运动视为是由商品价格——由于竞争——到商品价值的还原，由市场价格（与价值相区别的价格）到自然价格（表示在货币上面的价值）的还原。这是一个错误。这个错误，是把生产价格和价值视为同一。他用自然价格、平均价格或是马克思所说的生产价格来代替价值了。马克思认为李嘉图犯了"双重历史错误"："一方面，把农业和工业中的劳动生产率看成绝对相等，因而否定它们在一定发展阶段上的仅仅是历史的差别，另一方面，认为农业生产率绝对降低，并把这种降低说成是农业的发展规律。"① 全部错误都是由于混淆了价值和生产价格而产生的。

马克思指出，李嘉图的这一错误反映了他在方法论上缺乏抽象力。"我们看到，如果说人们责备李嘉图过于抽象，那么相反的责备倒是公正的，这就是：他缺乏抽象力，他在考察商品价值时无法忘掉利润这个从竞争领域来到他面前的事实。"② 李嘉图的困难在于，他无法始终如一地用劳动价值论的原则说明工业利润和农业地租，而这两者都是剩余价值的具体表现形式，即便是他的级差地租理论也解决不了，地租的出现似乎是由于价格超过价值而产生的。李嘉图"缺乏抽象力"的地方就在于他不是从价值规定本身出发来阐述价值，而是承认现实的竞争中那些与劳动时间无关的影响，并且有时把价值规律抛弃了。所以，他的反对者如马尔萨斯等人就抓住这一点来攻击他的全部价值学说。

二、 马克思论地租的产生原因和消灭条件

1. 绝对地租的成因

由于等量资本获得等量利润的原则，商品按其垫支资本加上一般利润的生产价格加以出售。由于资本有机构成不同，部分商品的生产价格高于其价值，部分商品的生产价格低于其价值，但这并不违背价值法则。因为从社会总商品来看，商品出售的生产价格总量等于所有商品的价值总量。由于土地私有权的

---

① 马克思. 剩余价值理论：第二卷 [M] // 马克思恩格斯全集：第 34 卷. 北京：人民出版社，2008：270.
② 马克思. 剩余价值理论：第二卷 [M] // 马克思恩格斯全集：第 34 卷. 北京：人民出版社，2008：210－211.

存在，使土地所有者能把这种特殊的生产部门生产的特殊商品高于生产价格的价值部分截留下来，使其按价值出售，而不是按生产价格出售。它不参加一般利润率依以形成的一般过程，不参加利润平均化的过程。被截留下来的这一部分高于生产价格的价值，以绝对地租的形式交付给土地所有者。而租地资本家和工业资本家一样，获得包含在生产价格水平内的利润，即以一般利润率决定的利润。马克思认为，农业生产部门的商品价值超过它的生产价格，从而会在平均利润之上提供一个剩余利润。

自然物如土地、水、矿山等等的私有权，这种生产手段即生产的自然条件的所有权，不是价值的源泉。但土地所有权会和资本一样，成为对剩余劳动的索取权。资本因为有权向劳动者榨取剩余劳动，便像是价值的源泉。同样，土地所有权也像是价值的源泉，因为它使它的所有者能够向资本家索取剩余劳动的一部分。

2. 级差地租的成因

马克思和李嘉图都是用土地肥力的差异来解释级差地租的。当谷物的供给量和需求量相等时，谷物的市场价值由最劣等的土地上生产的谷物所耗费的个别劳动时间（个别价值）决定。肥力较大的土地上生产的谷物的个别价值低于这一市场价值，按照这一市场价值售卖之后能获得高于其个别价值的超额利润，从而形成级差地租。李嘉图认为，规定谷物交换价值的不是在有利条件下进行生产时所使用的较小量劳动，而是耕种最劣等的土地时所必须投入的较大量劳动。但是在他看来，最劣等的土地不用交付地租，肥力高于最劣等的土地的才需要交付地租。他也认为级差地租是一种超额利润。

马克思指出："讲到地租的差别，在土地面积相同、投资额相等的情况下，它是用自然肥力的差别来说明的，特别是，首先是对于那些提供面包这种主要食品的产品来说，是如此；在土地面积相同、肥力相等的情况下，地租的差别是用投资额不等来说明的。"① 第一种是自然的差别，不仅引起地租额的差别，

---

① 马克思. 剩余价值理论：第二卷［M］//马克思恩格斯全集：第 34 卷. 北京：人民出版社，2008：101 - 102.

而且引起地租率的差别。第二种是产业上的差别，仅仅引起地租与支出的资本量成比例地增加。第一种差别就是级差地租。

在《剩余价值理论》第二卷中，马克思曾经用 A 表来举例说明绝对地租和级差地租。假定谷物生产的资本有机构成为 6∶4，那么 100 镑垫支资本可分解为 60C 和 40V，若剩余价值率为 50%，则 100 镑资本生产出来的谷物的总价值为 60C＋40V＋20M＝120 镑。再假定工业生产平均利润率为 10%，则 100 镑垫支资本生产出来的谷物的生产价格为 110 镑。该生产价格除以每一级土地上生产出来的谷物数量，即为该级土地上每吨谷物的生产价格。绝对地租和级差地租的计算方法如下。

绝对地租＝市场价值－生产价格

级差地租＝个别价值－市场价值

当市场价值＝生产价格时，无绝对地租；

当市场价值＞生产价格时：

当个别价值＝市场价值时，只有绝对地租，无级差地租；

当个别价值＞市场价值时，既有绝对地租，也有级差地租；

当个别价值＜市场价值时，只交部分绝对地租（个别价值－生产价格），无级差地租。

A 表

等　　级	I	II	III	合计
资本（镑）	100	100	100	300
吨　　数	60	65	75	200
总市场价值（镑）	120	130	150	400
每吨的市场价值（镑）	2	2	2	
每吨的个别价值（镑）	2	$1\frac{11}{13}$	$1\frac{3}{5}$	
每吨的差额价值（镑）	0	$\frac{2}{13}$	$\frac{2}{5}$	

（续表）

等　级	Ⅰ	Ⅱ	Ⅲ	合计
每吨的生产价格（镑）	$1\frac{5}{6}$	$1\frac{9}{13}$	$1\frac{7}{15}$	
绝对地租（镑）	10	10	10	30
级差地租（镑）	0	10	30	40
绝对地租（吨）	5	5	5	15
级差地租（吨）	0	5	15	20
总地租（镑）	10	20	40	70
总地租（吨）	5	10	20	35

如 A 表所示，谷物的总供给量为 200 吨。假设此时总需求与总供给相等，不考虑供需差别对市场价值的影响，那么谷物的市场价值将由最劣等的土地Ⅰ生产出来的谷物的个别价值来决定。因此，根据以上公式，我们可以计算出第Ⅰ、Ⅱ、Ⅲ级土地的绝对地租均为 120 − 110 = 10 镑。第Ⅱ级上地的级差地租为 130 − 120 = 10 镑，第Ⅲ级土地的级差地租为 150 − 120 = 30 镑。

3. 地租消灭的条件

由于绝对地租来自农业生产物的价值与生产价格之差，所以绝对地租的消灭条件在于工农业资本有机构成的同一化。"如果这里生产方式发生变动，以致可变资本对不变资本的比例等于它们在工业中的平均比例，那么，小麦价值高于小麦平均价格的余额就会消失，从而地租，即超额利润也就会消失。"[①] 在没有土地所有权时，李嘉图的级差地租法则还是一样起作用的。土地所有权被废止但资本主义生产被保持时，这种由土地肥力差别引起的剩余利润还会保留下来。如果由国家占有土地而资本主义生产仍存在，那么第Ⅱ级、第Ⅲ级和第Ⅳ级土地的级差地租会付给国家。在马克思看来，地租是存在于资本有机构成部分的历史差别，那有一部分可以归于均衡，甚至能够跟着农业的发展完全归于消灭。但是，即便绝对地租消灭，由土地肥力差异而造成的级差地租仍会存在。

---

① 马克思. 剩余价值理论：第二卷 [M] // 马克思恩格斯全集：第 34 卷. 北京：人民出版社，2008：111.

这种级差地租是和市场价格的调节联系在一起的，将会和商品生产与价格调节一同消亡。

总的来看，地租的消灭可归因于两个方面的条件：第一，农业的资本有机构成提高，农业生产力的一般状况已经和工业生产力的一般状况归于平均了，农产品价值与生产价格持平，绝对地租消失，级差地租仍然存在；第二，土地所有权归属的变动引起地租的变化。如果土地所有权由国家掌握，但商品生产仍存在，绝对地租消失，级差地租归属于国家；如果商品生产消亡，由于级差地租和市场价格的调节连在一起，级差地租会和价格即商品经济一同消灭。从马克思关于地租的产生原因和消灭条件的论述来看，影响地租的三个重要因素是土地所有权的归属、工农业资本有机构成的比较和商品生产的发展。

三、 马克思和李嘉图的动态地租理论比较

如果说静态的地租理论主要说明的是地租的性质和形成，那么动态地租理论主要解决的是地租水平的变动问题。就马克思和李嘉图的比较而言，动态地租理论主要表现在两个方面：一是农业技术改良对地租水平的影响，二是新耕地的加入对地租水平的影响。李嘉图区别了两种技术上的改良：一种是技术使土地肥力本身增加，另一种是生产谷物的劳动技术的进步。这两种改良都会使同一土地面积生产出更多数量的谷物。就第一种改良而言，如果各级土地的收益以相等的程度增加，那么在谷物需求量不变时，不只会把最劣等的土地从市场排除，甚至会使投入更丰沃土地内的一部分资本撤出。在这种情况下，谷物地租会降落下来；就第二种改良而言，可以减低谷物的相对价值，但不能减低谷物地租，虽然它会使货币地租减少。这种改良会不会影响谷物地租，全看所用资本量的收益之间的差额，是增大、保持不变，还是已经减少。在级差地租理论的基础上，李嘉图指出："使相继投在同一土地或新土地上的各份资本的产品的差额减少的任何事物，都有减低地租的趋势；而增加这种差额的任何事物

必然产生相反的结果，趋向于使地租增加。"① 马克思则主要是从农业技术改良引发工业和农业之间资本有机构成之差的变动，来论述其对地租水平尤其是对绝对地租水平变动的影响。在这里，本文着重探讨第二个方面的动态地租理论，即新耕地的加入对地租水平的影响。

新耕地的加入要么是由劣等土地向优等土地的向上线的变动，要么是由优等土地向劣等土地的向下线的变动。在供给量和需求量不变的情况下，两者对地租水平所产生的影响有何区别？新耕地加入之后，农产品供给量与需求量的变化又会对地租产生何种影响？动态地租理论的核心，是研究农业资本之间的竞争问题。在李嘉图看来，最劣等的第Ⅲ级土地加入耕作后，第Ⅱ级土地的地租就会立即成立，并且像以前一样，这种地租要由它们的生产力上的差额去决定。同时，第Ⅰ级土地的地租也会提高。第Ⅰ级土地的地租与各级土地生产物间的差额具有比例关系，因此会提高。人口的增加使得一国为要能获得必要的生活资料量，而被迫把品质更差的土地引入生产时，各种更丰沃土地的地租就会提高起来。马克思认为"这完全正确"②。但是李嘉图的动态地租理论是以土地向下线推移为前提的。马克思认为"李嘉图的从比较肥沃地区向比较不肥沃地区按下降序列推移的假定，完全是悄悄地塞进来的"③。位置最有利而最早被耕种的地区不支付任何地租，直到在这个地区内从耕种比较肥沃的土地推移到耕种比较不肥沃的土地为止。如果现在是推移到比第一个地区更肥沃的第二个地区，那么，依照假定，这第二个地区的位置是比较不利的。但是，"位置"是一个随着经济发展历史地发生变化的条件，它会随着交通工具的开发、新城市的兴建、人口的增长等而不断改善。所以，第二个地区生产出来的产品，将逐渐按照一个必然使第一个地区的地租下降的价格投入市场，而第二个地区随着它的位置的不利条件的消失将逐渐作为比较肥沃的土地出现。

我们继续举例来说明马克思的动态地租理论。如果把 A 表作为初始状态，

---

① 大卫·李嘉图. 政治经济学及赋税原理［M］. 郭大力，王亚南，译. 北京：商务印书馆，2013：66.
② 马克思. 剩余价值理论：第二卷［M］//马克思恩格斯全集：第 34 卷. 北京：人民出版社，2008：345.
③ 马克思. 剩余价值理论：第二卷［M］//马克思恩格斯全集：第 34 卷. 北京：人民出版社，2008：347.

那么 B 表是更优等的土地Ⅳ加入耕种且谷物供给（$292\frac{1}{2}$吨）大于需求（200
吨）时的状态。C 表是谷物供给大于需求时最劣等的土地Ⅰ总地租为 0 时的界
点。在那一界点之后，最劣等的土地Ⅰ从市场中被排除出来，从而呈现出 D 表
的状态，恢复了谷物供给和需求的均衡。在 BCD 三个表格中，仍然假定工业的一般
利润率为 10%，因此 100 镑农业资本投入生产出的产品的生产价格为 110 镑。

B 表

等　　级	Ⅰ	Ⅱ	Ⅲ	Ⅳ	合计
资本（镑）	100	100	100	100	300
吨　　数	60	65	75	$92\frac{1}{2}$	$292\frac{1}{2}$
总市场价值（镑）	$110\frac{10}{13}$	120	$138\frac{6}{13}$	$170\frac{10}{13}$	540
每吨的市场价值（镑）	$1\frac{11}{13}$	$1\frac{11}{13}$	$1\frac{11}{13}$	$1\frac{11}{13}$	
每吨的个别价值（镑）	2	$1\frac{11}{13}$	$1\frac{3}{5}$	$1\frac{11}{37}$	
每吨的差额价值（镑）	$-\frac{2}{13}$	0	$\frac{16}{65}$	$\frac{264}{481}$	
每吨的生产价格（镑）	$1\frac{5}{6}$	$1\frac{9}{13}$	$1\frac{7}{15}$	$1\frac{7}{37}$	
绝对地租（镑）	$\frac{10}{13}$	10	10	10	$30\frac{10}{13}$
级差地租（镑）	0	0	$18\frac{6}{13}$	$50\frac{10}{13}$	$69\frac{3}{13}$
绝对地租（吨）	$\frac{5}{12}$	$5\frac{5}{12}$	$5\frac{5}{12}$	$5\frac{5}{12}$	$16\frac{2}{3}$
级差地租（吨）	0	0	10	$27\frac{1}{2}$	$37\frac{1}{2}$
总地租（镑）	$\frac{10}{13}$	10	$28\frac{6}{13}$	$60\frac{10}{13}$	100
总地租（吨）	$\frac{5}{12}$	$5\frac{5}{12}$	$15\frac{5}{12}$	$32\frac{11}{12}$	$54\frac{1}{6}$

在 B 表中，由于最优等的土地Ⅳ新加入了耕种，使得农产品的总供给量增加了 $92\frac{1}{2}$，达到了 $292\frac{1}{2}$，超过了总需求，这会使得产品的市场价值下降。此时支配市场价值的将不再是最劣等的土地Ⅰ的个别价值，而是次劣等的土地Ⅱ的个别价值，即 $1\frac{11}{13}$。由于Ⅰ的个别价值低于该市场价值，那么它的绝对地租将不足 10 镑，即为其总市场价值（$110\frac{10}{13}$镑）减去总生产价格（110 镑）等于$\frac{10}{13}$镑。此时次劣等的土地Ⅱ在交付 10 镑的绝对地租之后，不再产生级差地租。Ⅱ、Ⅲ和Ⅳ在提供 10 镑绝对地租的基础上，各自交付相当于其总个别价值减去总市场价值的差额（即每吨的差额价值乘以吨数）作为级差地租。总货币地租从 A 表的 70 镑增加到 B 表的 100 镑，总谷物地租由 A 表的 35 吨增加到 B 表的 $54\frac{1}{6}$吨。

C 表

等　级	Ⅰ	Ⅱ	Ⅲ	Ⅳ	合计
资本（镑）	100	100	100	100	300
吨　数	60	65	75	$92\frac{1}{2}$	$292\frac{1}{2}$
总市场价值（镑）	110	$119\frac{1}{6}$	$137\frac{1}{2}$	$169\frac{7}{12}$	$536\frac{1}{4}$
每吨的市场价值（镑）	$1\frac{5}{6}$	$1\frac{5}{6}$	$1\frac{5}{6}$	$1\frac{5}{6}$	
每吨的个别价值（镑）	2	$1\frac{11}{13}$	$1\frac{3}{5}$	$1\frac{11}{37}$	
每吨的差额价值（镑）	$-\frac{1}{6}$	$-\frac{1}{78}$	$\frac{7}{30}$	$\frac{119}{222}$	
每吨的生产价格（镑）	$1\frac{5}{6}$	$1\frac{9}{13}$	$1\frac{7}{15}$	$1\frac{7}{37}$	
绝对地租（镑）	0	$9\frac{1}{6}$	10	10	$29\frac{1}{6}$
级差地租（镑）	0	0	$17\frac{1}{2}$	$49\frac{7}{12}$	$67\frac{1}{12}$

（续表）

等　　级	I	II	III	IV	合计
绝对地租（吨）	0	5	$5\frac{5}{11}$	$5\frac{5}{11}$	$15\frac{10}{11}$
级差地租（吨）	0	0	$9\frac{6}{11}$	$27\frac{1}{22}$	$36\frac{13}{22}$
总地租（镑）	0	$9\frac{1}{6}$	$27\frac{1}{2}$	$59\frac{7}{12}$	$96\frac{1}{4}$
总地租（吨）	0	5	15	$32\frac{1}{2}$	$52\frac{1}{2}$

随着时间的推移，较优等的土地对于市场价值的支配会因供给过剩而逐渐增强。在 C 表中，在需求不变的情况下，农产品的市场价值即价格将不断下降，直至降至最劣等的土地 I 的单位生产价格，即 $1\frac{5}{6}$ 镑。此时最劣等的土地的总市场价值与总生产价格相等，将不再产生绝对地租。由于次劣等的土地 II 的总市场价值（$119\frac{1}{6}$ 镑）减去其生产价格（110 镑）等于 $9\frac{1}{6}$ 镑，因此次劣等的土地 II 只产生的 $9\frac{1}{6}$ 镑的绝对地租，不足 10 镑。III 和 IV 在提供 10 镑绝对地租的基础上，各自交付相当于其总个别价值减去总市场价值的差额（即每吨的差额价值乘以吨数）作为级差地租。总货币地租从 B 表的 100 镑减少到 C 表的 $96\frac{1}{4}$ 镑，总谷物地租从 B 表的 $54\frac{1}{6}$ 吨减少到 C 表的 $52\frac{1}{2}$ 吨。这样一来，最劣等的土地 I 被排除出市场，从而来到 D 表的状态。

D 表

等　　级	II	III	IV	合计
资本（镑）	50	100	100	250
吨　　数	$32\frac{1}{2}$	75	$92\frac{1}{2}$	200

（续表）

等　级	Ⅱ	Ⅲ	Ⅳ	合计
总市场价值（镑）	60	$138\frac{6}{13}$	$170\frac{10}{13}$	$369\frac{3}{13}$
每吨的市场价值（镑）	$1\frac{11}{13}$	$1\frac{11}{13}$	$1\frac{11}{13}$	
每吨的个别价值（镑）	$1\frac{11}{13}$	$1\frac{3}{5}$	$1\frac{11}{37}$	
每吨的差额价值（镑）	0	$\frac{16}{65}$	$\frac{264}{481}$	
每吨的生产价格（镑）	$1\frac{9}{13}$	$1\frac{7}{15}$	$1\frac{7}{37}$	
绝对地租（镑）	5	10	10	25
级差地租（镑）	0	$18\frac{6}{13}$	$50\frac{10}{13}$	$69\frac{3}{13}$
绝对地租（吨）	$2\frac{17}{24}$	$5\frac{5}{12}$	$5\frac{5}{12}$	$13\frac{13}{24}$
级差地租（吨）	0	10	$27\frac{1}{2}$	$37\frac{1}{2}$
总地租（镑）	5	$28\frac{6}{13}$	$60\frac{10}{13}$	$94\frac{3}{13}$
总地租（吨）	$2\frac{17}{24}$	$15\frac{5}{12}$	$32\frac{11}{12}$	$51\frac{1}{24}$

　　D 表中只剩下 Ⅱ、Ⅲ 和 Ⅳ 这三个级别的土地，但是 Ⅱ 的投入资本由原先的 100 镑缩减为 50 镑。这是由于 Ⅱ 提供的绝对地租不足 10 镑，供给过剩的情况使得竞争迫使资本从此时最劣等的土地 Ⅱ 中逐渐减少，供给过剩的情况得以改善，农产品的市场价值逐渐增长。当市场价值重新回到 B 表中 $1\frac{11}{13}$ 镑的水平，即此时最劣等的土地 Ⅱ 的个别价值时，农产品的总供给量回落为 200 镑，与总需求持平，重新实现供需均衡。此时的最劣等的土地 Ⅱ 提供的绝对地租为 5 镑，即其总市场价值（60 镑）减去总生产价格（50 * 1.1 = 55 镑），不再提供级差地租。Ⅲ 和 Ⅳ 在提供 10 镑绝对地租的基础上，各自交付相当于其总个别价值减去总市场

价值的差额（即每吨的差额价值乘以吨数）作为级差地租。总货币地租从 C 表的 $96\frac{1}{4}$ 镑减少到 D 表的 $94\frac{3}{13}$ 镑，总谷物地租从 C 表的 $52\frac{1}{2}$ 吨减少到 D 表的 $51\frac{1}{24}$ 吨。

对比 A、B、C、D 四个表格我们发现，在总需求不变的条件下，总地租先增后减。新加入的优等土地让地租大幅度增加，而后在农业资本的竞争过程中，劣等土地逐渐退出，总地租缓慢减少。但是，如果考虑到农产品总需求增加的可能性，优等土地的加入所带来的市场价值下降的情况可能有所改变，甚至会出现市场价值的上升，那么总地租也将增加。如果新加入的土地不是最优等的 IV，而是比 I 更劣等的土地，具体的变动情况虽然有别于上，但基本原理是一致的。李嘉图曾指出："使相继投在同一土地或新土地上的各份资本的产品的差额减少的任何事物，都有减低地租的趋势；而增加这种差额的任何事物必然产生相反的结果，趋向于使地租增加。"[1] 李嘉图的这一论断是在只考虑级差地租的前提下做出的，而没有考虑到绝对地租。

李嘉图推论的前提是从优等地向劣等地的耕种扩大。按照李嘉图的说法，级差地租既然由土地肥力程度的不同产生，那么，只要所耕种的土地肥沃程度有所差异，则不管耕种是由优等地扩大到劣等地，还是由劣等地扩大到优等地，应该都同样产生地租。为什么只有由优等地耕种扩大到劣等地耕种这种情况，才产生地租呢？李嘉图只看到了英国农业一时的历史事实，把这一时的历史情况绝对化、扩大化了。马克思的地租理论呈现出有别于李嘉图的历史思维和辩证方法。从优等地向劣等地耕种的扩大这种只限于一时一地的情况，不能成为恒久的普遍现象。经济范畴的逻辑发展是现实发展的历史过程的反映。就整个农业发展的历史来看，人类最先耕种的土地，往往是交通比较便利、靠近河道的土地。只有在位置条件相同的情况下，人类才最先耕种优等地。如美国西部土地比东部肥沃，但是当时的殖民者却首先定居在交通比较便利的东部地区，

① 大卫·李嘉图. 政治经济学及赋税原理 [M]. 郭大力，王亚南，译. 北京：商务印书馆，2013：66.

然后才向西部发展，耕种西部地区比较肥沃的土地。

从现实意义来看，对马克思和李嘉图的地租理论的比较，为分析我国粮食价格变动提供了更加丰富的理论工具。马克思关于地租消灭条件的论述也为研究中华人民共和国成立以来我国土地所有权制度的演进、我国工农业资本有机构成的比较及农业生产商品化的历程提供了有益的启示。

参考文献

［1］陈岱孙. 从古典经济学派到马克思——若干主要学说发展论略［M］. 北京：商务印书馆，2014.

［2］顾海良，张雷声. 马克思劳动价值论的理论与现实［M］. 北京：人民出版社，2002.

［3］陈冬野. 李嘉图的经济理论体系［M］. 上海：上海人民出版社，1984.

［4］雅各布·霍兰德. 大卫·李嘉图百年评价［M］. 刘震东，译. 北京：商务印书馆，1979.

［5］晏智杰. 对李嘉图评论斯密价值论的再评论［J］. 江淮论坛，1994（3）.

（作者单位：中山大学马克思主义学院）

社会积累结构与资本主义长波

——评 SSA 学派的长波理论

李　梁

摘要： 对 SSA 学派长波论的研究具有重大意义。本文试图对 SSA 学派的长波理论进行一个系统性评述。SSA 学派以精密的数学工具来论证长波存在性，以 SSA 与资本积累辩证关系来解释长波产生的动力机制，以"阶级斗争的长周期"来解释增长与停滞的持续时间。SSA 学派简要回顾了二战以前的资本主义长波，但深入研究了由战后到滞胀危机的长波与新自由主义的长波，并在研究过程中形成了诸多具有启发性的观点，如"再生产周期"与"非再生产周期""剩余价值生产的危机"与"剩余价值实现的危机"等，这些观点均具有较强的现实意义。SSA 长波论对马克思主义的发展作出了贡献，但对其理论构建及其历史认知也存在争论。

关键词： SSA 学派　长波理论　制度　新自由主义　经济危机

一、引言

国际金融危机后的十多年间，主要资本主义国家经济持续低迷①。尽管各国

---

① 参见谢长安、丁晓钦《后危机时代西方资本主义新特征》。

不断加大改革力度，但经济复苏缓慢。有预测认为，未来至少十年内，世界无望回到 2008 年前的快速增长模式①。在此背景下，一些文献开始探讨长期停滞的可能②。这些文献中提出了很多长期停滞的驱动因素，如人口增长放缓、教育程度下降、不平等加剧、政府债务、投融资需求减少、资本品价格下降等，既包括供给侧分析也包括需求侧分析。但大卫·科茨、迪彭卡·巴苏、朱安东（2018）等人却利用经济体制结构的演变来解释当前的停滞。他们认为，新自由主义制度结构（或 SSA）的变迁，是危机前经济扩张与危机后经济停滞的根源。

上述文献中的观点都很有启发性。然而这些观点的源头都可追溯到 20 世纪六七十年代形成的三派影响较大的长波理论。一是熊彼特的技术创新长波论，认为长波源于重大技术创新群集的出现与衰落。二是曼德尔的马克思主义长波论，认为各类经济因素导致的利润率的上升与下降塑造了长波。三是 David M. Gordon 的 SSA 长波论，强调有利于资本积累的特定制度环境（即 SSA）的变迁导致长波。三派长波理论分别强调技术因素、以利润率为中心的经济因素、制度因素。若把投资置于长波分析的核心，则发现多种因素均对投资产生影响，因此三派长波理论相互补充而非对立。

本文研究 SSA 学派的长波理论③，主要原因包括以下几点。首先，其他两派长波论以投资、技术创新等物质因素来解释长波，却对导致长波发生的制度因素关注不足。SSA 学派则不仅考虑了那些被现有研究当作停滞原因的诸多因素，还将其他长波文献所忽略的制度因素纳入分析框架，这使其在长波研究中独具特色。其次，创立至今，其他两派长波论已基本完善，不再继续发展。SSA 长波论则经历了长期发展，其理论内涵至今仍在不断丰富，却未曾被系统梳理。最后，SSA 长波论诞生于滞胀危机，扬名于国际金融危机，其理论发展过程本身就是一部增长与危机交替的历史，其对危机后的停滞也有独到见解。深入研究 SSA 长波论对理解当前资本主义的经济停滞具有重大现实意义。

---

① 参见高峰《论长波》。

② 大卫·科茨，迪彭卡·巴苏，朱安东，陈旸．经济停滞与制度结构［J］．政治经济学季刊，2018，1（01）：117 – 147.

③ 以下简称"SSA 长波论"。

二、 文献综述

实际上，国内政治经济学界早就产生了研究 SSA 学派的热潮。文献综述方面，根据时间先后，包括张翔宇与赵峰（2009）对该学派关于"SSA 与经济增长的关系"理论的介绍。丁晓钦（2011）、范春燕（2012）、丁晓钦与尹兴（2013）则介绍了该学派后期的理论进展。陈叶盛（2012）、常庆欣（2012）分别将该学派作为调节学派、激进政治经济学派的分支加以论述。龚剑（2013）则研究了该学派的理论建构与相关争论。张沁悦（2014）、刘诚洁与赵治成（2015）分别对第七、八届"SSA 理论研讨会"①进行综述。张开（2015）研究了该学派创始人大卫·戈登的经济思想。马艳、大卫·科茨与特伦斯·麦克唐纳（2016）进一步论述了 SSA 理论的新发展。丁晓钦、陈昊（2017）系统研究了 21 世纪以来 SSA 理论的最新进展。王守义（2017）则关注 SSA 学派的全球化理论的发展与演变。

然而，对 SSA 长波论的系统性评述却属空白。而 SSA 学派理论研究的出发点正是长波。科茨（1987）首次系统梳理了 SSA 与长波的关系。但此后 SSA 长波论又经三十多年发展，与早期内容相比发生了诸多变化。近来也有国内学者关注 SSA 长波论，但以介绍引进为主，聚焦于利用该理论解释历史与现实问题。例如，蔡万焕（2016）研究了 SSA 学派对新自由主义及其危机的解释，丁晓钦、谢长安（2017）探讨了 SSA 学派对当代资本主义的阶段划分。但他们对 SSA 长波论的论述并不全面。孙寿涛（2003）、许建康（2009）、孟捷（2011）、马艳与王琳（2015）曾将 SSA 长波论与其他各派长波理论（包括熊彼特、曼德尔的长波理论）进行比较，但其立意在于对比，对 SSA 长波论本身的发展过程则关注不足。

本文试图弥补这一空白，在前人研究的基础上，结合 SSA 理论近年的发展

---

① 其全称为"全国现代政治经济学数理分析研讨会暨 SSA 理论研讨会"。

对其长波理论进行一个系统的评述。不仅考察 SSA 长波理论的框架，也通过与其他长波理论的比较，对 SSA 长波理论的理论贡献及其现实意义进行一个简要的评价。另外，为凸显 SSA 长波论的现实意义，我们重点关注了 SSA 长波论对 1970 年代滞胀危机与当前资本主义世界经济停滞的解释。

三、 SSA 长波论

（一）SSA 长波论简述

SSA 是"社会积累结构"的简称。该理论由 DavidM. Gordon（1978）开创，用于解释康德拉季耶夫长波。Gordon 认为，要确保资本积累正常运行，需要一整套制度来协调积累过程中的各种矛盾，这一整套制度即 SSA。随后，GER[①]、GWB[②]、Terrence McDonough、MartinH. Wolfson、大卫·科茨、VictorD. Lippit 等学者围绕该框架进行了补充，逐渐形成西方马克思主义一个极具影响力的学派。1990 年代以后，SSA 学派开始致力于对新自由主义制度结构的批判性分析，并于国际金融危机期间广受关注。

SSA 理论的基本观点为：SSA 与积累过程相互影响，为积累带来制度保障或约束[3]。二者存在矛盾运动的辩证关系：在特定 SSA 建立之初，决定利润率的系列因素被保证，资本积累进入黄金期，为资本主义带来约 20～30 年的快速增长；随着时间的推移，SSA 逐渐老化，难以缓解不断恶化的阶级矛盾及日趋激烈的竞争，导致积累遇阻，引发经济停滞及 SSA 自身剧烈变化；周而复始。

SSA 理论具有重要价值。首先，它构筑了一个"中间层次"[③] 的分析范式，将生产力与生产关系基本原理具体化为 SSA 与资本积累的相互作用，并将长波扩张与停滞更替的原因归结为新 SSA 的建立与旧 SSA 的瓦解。其次，根据不同

---

① GER，即 SSA 学派三位创始人 David Gordon、Richard Edwards 和 Michael Reich 的合称。

② GWB，即三位 SSA 学者 DavidM. Gordon、TomasE. Weisskoppf 和 Samuel Bowles 的合称。

③ 宇野弘藏将马克思主义分为抽象、中间、具体三个层次。抽象层次对应着"生产关系"等抽象概念，具体层次对应生活中的细节，而中间层次则对应着积累的主要制度。

时期 SSA 的特点，可将资本主义划分为不同的历史阶段。如 Gordon 将战后到石油危机期间资本主义国家的 SSA 称为战后 SSA，而科茨、McDonough 则将 1982年至今的 SSA 称为新自由主义 SSA，每一 SSA 持续时间约 50 年（包括稳定期与瓦解期）。最后，通过分析 SSA 的变迁可以解释特定国家在特定时期内的增长或萧条，如 James Heintz 对种族隔离 SSA 与南非经济关系的分析，Karen Pfeifer 对阿拉伯三国 SSA 及其经济关系的分析等。因此，特定 SSA 既代表资本主义的特定发展阶段，也代表一个从扩张到停滞的完整长波。总之，SSA 理论话语体系提供了判断当前资本主义在长波历史中所处阶段的一个重要视角。

（二）对 SSA 长波存在性的证明

要形成一套完整的长波论，长波的存在性是一个绕不开的话题。与其他长波论一样，SSA 学派将长波存在作为前提。但在 SSA 理论之前，学术界关于长波的存在性有争论。尽管康德拉季耶夫、熊彼特、曼德尔、范·杜因等早期学者已提供了长波存在的若干证据，但这些证据并不充分。加维、范·艾维克等新古典主义者则提供了反面证据，认为经济只会出现短期波动，长期则会自动回归平衡。早期 SSA 学者如 Gordon、GWB 对此进行了反驳，而科茨等（2018）则试图论证新自由主义长波的存在性。

Gordon 根据"定性历史"来确定扩张与停滞的范围，并利用价格、人均实物产量等数据在扩张期与停滞期的区别来证明两者的更替[①]。但此法被批存在缺陷：第一，各数据系列节律不完全一致，因此根据不同数据确定的扩张与停滞节点也不同；第二，此法掩盖了长波中较短的商业周期，即扩张期的短暂下降阶段与停滞期的短暂增长阶段。为此，Gordon 提出"扩张收缩比"[②]概念，发现不同长波[③]的扩张期与停滞期的"扩张收缩比"存在直观差别。

GWB 则将 1890～1981 年间所有的较短商业周期分为"再生产周期"与

[①] Gordon 使用的数据包括：1800～1940 年美国长波中的年均价格变化率，1865～1938 年主要工业化国家人均实物产量的年均变化率，1827～1967 年德英美三国工业产出的年变化率，1820～1967 年世界贸易量年变化率。

[②] "扩张收缩比"即上升月份数/下降月份数，如美国在 1848～1873 年长波繁荣期有 166 个月扩张与 92 个月收缩，则扩张收缩比为 1.8。

[③] 主要指美英德三国在 1848～1940 年间的两个长波。

"非再生产周期"①两类，根据两者的密集区间确定了1890年以来的三个长波停滞期：1890～1903、1926～1937、1969～1981②。通过检验"非再生产周期密集出现的阶段"与"再生产周期密集出现的阶段"相互独立的假设，得出扩张期与停滞期存在显著差别。"再生产周期"与"非再生产周期"的概念区分了不同性质的短期波动，并将短期波动与长波联系起来，既提供了甄别长波扩张期与停滞期的重要方法，也为如何应对"商业周期"的下滑阶段提供了思路。

科茨等则将1929～2015分为下述阶段：（1）1929～1937；（2）1948～1973；（3）1973～1979；（4）1979～2007；（5）2007～2015③，认为（1）（3）（5）为长波停滞期，（2）（4）为扩张期。他们使用虚拟变量模型，验证了阶段（5）的增长率显著低于阶段（4），认为金融危机前的长期增长与当前停滞构成长波。

可以看出，SSA学派对长波存在性的证明一脉相承。其他长波论，包括康德拉季耶夫、熊彼特、曼德尔、范·杜因，其长波证据基本是对价格等数据序列涨落的简单观测。SSA学派则使用了更精密的数学方法，大大提高了其结论的说服力。但这种精密方法主要针对GDP数据，对其他数据则关注不足。我们认为，要判断当前资本主义是否已经处于长波停滞期，尚需更多证据，如就业、价格、生活水平方面的数据，但SSA方法及其结论无疑为我们带来了启发。

（三）SSA与长波的动力机制

SSA长波论的基本观点，即"SSA与资本积累的辩证运动"导致长波。但一套完整的长波理论，仅有一套大致框架是不够的，还应有对其动力机制的分

---

① "再生产周期"与"非再生产周期"的概念首先由TomasE. Weisskopf（1979）提出，随后被GWB引入长波理论中。不同于50年长波，经济中较短的"商业周期"（短到3～4年，长到8～10年）会使经济经常性下滑，但很快进入再次上升阶段。"再生产周期"与"非再生产周期"是"商业周期"的两种类别。"再生产周期"即经济的下滑可依靠经济体自身内部运动予以纠正的商业周期，并不要求社会结构作出改变。而"非再生产周期"是经济下滑不能依靠自身内部作用予以纠正的商业周期，它需要外部干预以对社会结构进行改变。GWB认为，长波扩张阶段以再生产周期为特征，此时促进利润、投资和增长的SSA得以维持；而长波停滞阶段以非再生产周期为特征，积累无法自动恢复，直到新SSA建立才能摆脱停滞。"区分长波中扩张与停滞阶段的理论界限，存在于再生产周期与非再生产周期的本质特征之中"。

② GWB的数据截止到1981年。

③ 其中除2015年为可得数据的最近年份外，其余年份均为短商业周期的波峰年份。另外，科茨等人将1937～1948年作为美国经济中的一个特殊时期予以剔除。

析。具体包括以下几个问题：（1）SSA 如何促进长波扩张？（2）扩张阶段何以结束？（3）停滞阶段何以结束？（4）长波的持续时间为何在 50 年左右？SSA 学派对这些问题的解释与其他学派显著不同。

1. SSA 如何促进长波扩张？

马克思主义认为，推动积累的动力源于资本家对利润的追求。但 SSA 学派指出，资本主义内部存在各种冲突，包括以劳资冲突为代表的阶级冲突，不同资本（如产业资本与金融资本、垄断资本与竞争资本）间的竞争等，这些冲突构成对积累过程的潜在威胁。因此仅有资本主义基本制度不足以带来长期增长，长期增长还需一套适宜的社会制度组合来稳定这些冲突。SSA 的功能即通过经济、政治、意识形态等方面的制度来控制与调节这些冲突，使其不至于破坏积累过程。举两个例子：一是美国战后黄金时代的 SSA，既有抑制劳动的法律压制工会的战斗性，又有集体谈判来维持劳资合作，从而催生"劳资和谐"；二是在新自由主义 SSA 下，尽管不平等加剧，但一方面金融部门的发展赋予人们提前消费的能力，另一方面法律强化了对过剩人口的控制①。上述 SSA 均为积累营造良好环境。

这显然与其他长波论不同。康德拉季耶夫认为长波扩张的基础是"使用期限极长的资本品"投资，熊彼特则认为是"重大创新集群的出现"。两者均将长波视为经济的内在现象，认为导致长波的是经济因素（如资本投资、信贷市场、创新等），而非经济因素（如战争、革命、黄金发现等）虽然重要却并非主要原因，因此长波的产生机制存在规律。但 SSA 学派认为长期积累的节奏并不均匀，原因在于偶然历史事件（如战争、革命）的发生。Gordon 曾指出，康、熊的长波理论犯了"技术决定论"的错误，即将长波扩张单纯归因于经济因素或"物质因素"，而忽略了非经济因素尤其是阶级斗争或"制度"的作用。

然而无论是技术因素还是制度因素，均是围绕投资而展开的。SSA 导致长波扩张的根本原因即在于其可稳定资本家信心并促进大规模投资。从积累三步骤

---

① 参见《积累的社会结构和刑事司法制度》，选自《当代资本主义及其危机：21 世纪积累的社会结构理论》第十章。

来理解，在资本运行的购买、生产、售卖等关键节点上，均有一些关键且具体的制度，以保证资本循环正常进行。例如，可靠的劳动力市场结构，确保资本家以便捷可靠的途径找到工人；制度化的劳动管理过程，确保工人尽可能努力工作；一定的信用制度，为生产与消费市场提供连接。上述制度相互交织。尽管具体制度经常变化，但 SSA 作为一个整体具有相对稳定性。有利的 SSA 可稳定资本家投资信心，确保资本沿其轨道运动。若一套 SSA 崩溃，在积累重新开始前，一个新 SSA 必须取而代之。

在影响投资的具体制度上，SSA 学派吸收了詹姆斯·奥康纳的很多观点。奥康纳认为，国家应在"保障积累顺利进行"与"维持政府合法性"间保持平衡。他提到的许多具体政策，如政府对工会的镇压、凯恩斯主义需求管理政策等，均成为 SSA 的重要制度。但 SSA 理论与奥康纳有两点不同：第一，奥康纳的"制度"与国家有关，而"SSA"则包括很多不属于国家行为的制度（如商业垄断、劳动市场分割等），范围更广；第二，SSA 是一套相互协调的制度组合，遵循"产生→衰退→再创造"的动态模式，与长波密切相关，而这点在奥康纳理论中没有得到体现。

2. 长波扩张阶段何以结束？

SSA 学派认为，建立在既定 SSA 基础上的强劲积累并不会永久持续，因 SSA 的崩溃，"长波扩张"将被"长波停滞"取代。对于导致扩张结束与停滞到来的机制，SSA 学派有如下解释。

首先，积累过程本身蕴含危机倾向（如消费不足、资本有机构成提高等），危机倾向长期发展终将耗尽维系 SSA 所需资源。伴随危机倾向的严重社会冲突也会对 SSA 造成冲击。其次，SSA 本身蕴含导致自身崩溃的矛盾。如前所述，SSA 的存在可稳定但无法消除经济中的各种冲突，持续存在的冲突终将导致 SSA 崩溃，如 1960 年代"劳资协调"机制挤压了资本家的利润，阻碍了投资并导致 1970 年代的滞胀，迫使政府采取措施打击工会，从而瓦解"劳资协调"，形成"资本主导劳动"格局。最后，积累与 SSA 间的关系导致崩溃。一方面，积累过程有可能瓦解 SSA，如战后欧洲与日本快速发展，对美国主导的战后 SSA 中诸多关键制度（如布雷顿森林体系）造成冲击。另一方面，同一 SSA 对积累的作用可能由支持转为阻碍，如"技术控制制度"① 使工人按既定劳动强度工作，最初非常有效，但当工人发现"部分工人罢工将导致整个装配线瘫痪"时，他们将利用该缺陷谋求自身利益。此时"技术控制制度"成为积累的阻碍。这些解释深受马克思影响。

根据上述解释，经济内在矛盾的长期发展终将侵蚀长波扩张的基础。然而，当长波停滞来临时，可否对 SSA 进行调整以避免萧条呢？这并不容易。SSA 学派认为，一套 SSA 并非众多独立制度的组合，而是一个相互协调的整体。SSA 的崩溃意味着制度本身及制度间的相互联系均发生剧烈变化。危机之初，各社会群体维护自身狭隘利益的努力将加速这一进程，使危机深化。要改变这种趋势，必须使不同社会群体就"重大制度变革"方向达成共识，但这显然是个长期过程。这一长期过程对应着长波停滞。

法国调节学派也曾以制度结构解释长波停滞的原因，认为一套稳定的社会结构可在一定时期内维持积累的平衡（如生产扩张与消费的平衡等），当社会结构或积累变化导致平衡无法持续，危机就会爆发。但调节学派更偏向抽象的结构主义，且其对社会结构的历史维度与阶级斗争关注不足。相较而言，SSA 理论更关注社会冲突与制度变迁的历史关系，强调社会群体间的平衡，将长波收缩归因于制度崩溃及社会冲突，而非单纯的经济结构失衡。

3. 长波停滞阶段何以结束？

经济是如何摆脱停滞进入新一轮扩张的呢？Gordon 认为新 SSA 的构建是化解长波危机的必然要求，但这是一个涉及经济、政治、意识形态的复杂过程，且不具必然性。若社会群体的相互斗争无法形成新 SSA，那么停滞将会持续。科茨却认为"或许新 SSA 的产生并非必然，但存在强大力量朝此方向推进"。

新 SSA 的具体框架如何出现？"旧 SSA 的衰退，对新 SSA 的需要进行了预设"。旧 SSA 因不能继续支持积累而陷入崩溃，因此新 SSA 的形成与巩固必须克

---

① "技术控制制度"是 20 世纪早期 SSA 的一项重要制度。该制度是指采用技术生产系统来控制劳动过程，装配线就是技术控制的一个实例。

服旧 SSA 的主要缺陷，社会群体间的斗争是推动这一变迁的源动力。因积累过程与 SSA 紧密交织，当旧 SSA 出现缺陷使积累受阻时，不仅会产生衰退，SSA 本身也会剧烈变化。而变化方向，则是不同社会群体就"制度改革方案"达成的共识。科茨将影响积累的因素归为五大关系①，指出协调五大关系的系列制度构成 SSA 的核心。一套 SSA 的独特性即源于五大核心制度随时间变化，如当积累长期发展导致劳资关系变化（如工人由顺从变为反抗）时，曾有效稳定劳资关系的系列制度也将发生变化（如政府对工会的态度由拉拢转向打压）。其他制度也是如此。危机时期五大核心制度的剧烈变化将塑造新的 SSA。当旧 SSA 被新 SSA 取代时，某些特定制度或其变体可能由旧 SSA 延续到新 SSA 中，但五大制度整体上会呈现不同特征。

当新 SSA 形成并稳定下来，便会从两方面对积累过程产生影响。首先，新 SSA 使资本主义内部冲突得以控制，为新一轮长期积累提供了良好的制度环境。其次，新 SSA 的出现意味着新的生产与分配关系的确立，而新的生产与分配关系呼唤大规模基础设施投资以促进积累。这将带来新一轮长波扩张。

比 SSA 学派稍早的两位马克思主义者——保罗·斯威奇与欧内斯特·曼德尔，也曾试图解释长波。斯威奇认为"总剩余"增长快于"吸收剩余的常规渠道"将导致经济趋向停滞，而外部刺激将使扩张暂时超过停滞趋势并带来增长。当外部刺激耗尽，停滞趋势将再次显现。曼德尔则认为"利润率下降规律"支配了资本积累的长期运动。如果抵消利润率下降的诸多因素以一种"有力且同步"的方式发挥作用，就会带来经济扩张。而当这些因素逐渐消失，停滞就会到来。斯威奇与曼德尔的长波理论总体上很相似：均将停滞归因于资本主义内在规律，而将扩张归因于对内在规律起反作用的偶然外部刺激[15]。

SSA 学派与斯威奇、曼德尔的长波理论不同。首先，斯威奇、曼德尔认为造成危机的原因是普遍性的，而 SSA 学派则认为与不同长波对应的 SSA 都是独特的，因此需要对导致不同危机的相关制度进行具体分析，不能仅将其视为过去

---

① 包括劳资关系、资本竞争关系、资本与社会关系、国际关系、资本积累与主流意识形态关系。

衰退的重复。其次，曼德尔、斯威奇的长波是"不对称的"，长波下降阶段受基本规律支配，而上升阶段却受更多偶然性因素影响。但 SSA 学派却将"偶然因素"归为"社会制度因素"，认为这些偶然因素也受一定规律支配。

（四）对长波持续时间的说明

为何长波持续时间如此之长？SSA 学派认为，经济并非如新古典理论所言"完全可调整"，原因是支持积累的诸多制度复杂且缺乏弹性。举两个例子。一是劳动市场结构不易变化，如移民工人是北欧劳动市场的重要力量，但当移民工人组成工会以争取利益时，因距离等因素的限制，北欧企业很难迅速找到替代劳动力。二是技术发展的路径依赖，如战后初期因能源价格低廉，企业将巨资投入能源密集型技术研发，而忽视替代性技术。科学家与技工的知识结构也偏重该方向，一旦能源价格提高，若无知识更新的长期过程，将很难开辟新方向。

在这个意义上，SSA 理论与科斯、诺斯等人的新制度经济学也有不同。新制度经济学将最优化分析扩展到对制度的研究中，认为个体对制度变迁的潜在成本和收益的考量，是宏观制度变迁的基础。但在 SSA 学派看来，个体决策者既不具有对现存及未来制度安排成本与收益的完全信息，又受意识形态及文化影响，不可能去计算相关成本与收益，因此支持积累的很多制度缺乏弹性。

SSA 学派指出，当经济出现问题时，无论单个资本家还是资本家群体都很难迅速调整。首先，即使在某些领域内进行调整有利于资本家群体，但个体资本家未必配合，如燃料成本上升要求住宅区位集中化、汽车小型化，并摆脱对公路运输的依赖，但无论是能源企业、住宅开发商，还是汽车公司、交通规划部门，都很难作为先行者来推动这种调整。即使在政府强制或发生危机时被迫调整，过程也很缓慢。其次，资本主义系统内部存在对"富有远见的自我纠错能力"的诸多障碍。个体资本家可能会进行规划，政府也试图予以帮助，但资本家群体却"如恶狼般"紧盯积累过程，不放弃任何短期套利机会。无序的个别决策导致系统惰性，使资本主义重新踏上曾经走过的路。这解释了长波的长期性。

　　为何长波持续时间约 50 年？SSA 学派并未给出精准论证，但 Gordon 曾猜想不同长度的经济波动与不同规模的投资有关，如长约 3～4 年的"存货周期"与存货规模相关，长约 8～10 年的"投资周期"与主要产品与设备创新（如计算机电路系统）的规模相关。而约 50 年的长波，则与大规模基础设施投资的爆发有关①。此类基础设施集中出现在长波开端，例子包括 19 世纪 40 至 60 年代铁路的迅速普及、19 世纪末，20 世纪初电缆与排污系统的建设、二战后能源加工与交通运输设施的发展等。此类基础设施的繁荣一般可持续二十多年，其规模与刚性将使经济沿日益无利可图的路径继续前行，直至新一轮基础设施投资涌现。这大概可解释长波持续约 50 年的原因。

　　该观点可能借鉴了康德拉季耶夫的长波理论。康也认为不同类型产品达到生产与消费平衡所需时长不同，从而形成多层次的平衡周期，而决定 50 年长波时长的是"主要固定资本产品"更新换代的周期。熊彼特则以"重大技术创新"寿命来解释长波时间。但 Gordon 的"大规模基础设施"主要包括铁路、电缆、工厂等，与康的"主要固定资本产品"（主要包括蒸汽机、电动机等生产工具）以及熊的"重大技术创新"存在一定差别。

　　但与康、熊长波论最大区别在于，Gordon 批评"技术决定论"，认为不能将长波持续时间单纯归因于基础设施投资规模。"基础设施投资不能与和它交织在一起的 SSA 相分离"。长波扩张与停滞的持续时间，很大程度上还与阶级斗争及其制度密切相关，如在各阶级相互妥协下大规模基础设施投资才得以进行，斗争加剧则有可能对大规模投资形成阻碍。为摆脱停滞，社会群体终将就制度改革达成共识，这呼唤大规模基础设施投资的出现。新 SSA 建立后，也需要大规模基础设施投资以确保新生产与分配关系的巩固。由此推论"阶级斗争的长周期"导致了长波开端处大规模基础设施投资的爆发。Gordon 坚信"资本主义的制度逻辑最终限定了长波的时间确定"。因此相对而言，康、熊的长波论一定程度上忽视了人的主观能动性，而 SSA 学派则强调社会群体间的斗争在新旧 SSA

----

　　① Gordon 认为，"繁荣就固定在那些独特的基础设施的最初投资规模之上"。

转换及摆脱长波危机中的重要作用。但 Gordon 并未对"阶级斗争的长周期"作详细解释，后期 SSA 学者也没有沿该方向发展下去。

四、 对资本主义历史上长波的论述

（一）二战以前的资本主义长波

Gordon 曾简单梳理了资本主义繁荣与停滞交替的历史，将 18 世纪末到二战前的资本主义经济史分为三个长波。第一轮长波包括 18 世纪末到 1820 年代的扩张与 1830～1840 年代的停滞，扩张与工业革命相关，而停滞则导致了 1848 年革命。第二轮长波包括 1840～1870 年代的扩张与 1873～1890 年代的停滞。铁路等大型基础设施的建设、钢铁与日用消费品产业的成熟、巨大的移民潮等诸多因素共同带来经济扩张。而停滞的显著特征则在于其普遍性，即影响了几乎所有国家。第三轮长波包括 1890～1920 年代的扩张与 1930 年代的停滞。扩张原因包括：兼并与垄断稳定了竞争条件、帝国主义的出现开辟了新市场、电力普及催生了新需求、累进社会福利与对工会的压制降低了阶级冲突等。停滞则源于激烈的国际竞争、贸易保护主义、资本涌入投机活动等因素。

Gordon 关于长波的时间划分与熊彼特大体一致①，但 Gordon 梳理这些长波的目的在于"构建 SSA 理论话语体系"，他着重强调了导致这些长波的制度结构因素。根据这些长波，Gordon 认为：（1）周期性停滞确实存在；（2）引发长波进入繁荣与衰退的具体因素各不相同，因此对不同长波应具体分析。这两个信念构成 SSA 理论的重要前提。

（二）战后到滞胀危机的长波

二战后到滞胀危机的长波，是 SSA 学派系统论述的首个长波。回顾 SSA 学

---

① 按照熊彼特的划分，第一次长波上升期为 1787～1813 年，下降期为 1814～1842 年，主要创新是蒸汽机代替水力，煤代替木材；第二次长波上升期为 1843～1869 年，下降期为 1870～1897 年，主要创新是纺织工业、铁路、蒸汽轮船的出现；第三次长波上升期为 1898～1924 年，下降期自 1925 年开始，主要创新包括钢替代了煤，电力和化学工业的创新，内燃机和发动机的出现。

派关于滞胀危机的观点很有必要，因为各长波学派常将滞胀危机与当前的停滞进行对比。篇幅所限，本文不讨论其他学派关于滞胀危机的学说。

战后到 1973 年为此轮长波的扩张期，亦称"战后积累阶段"。Gordon 将该阶段 SSA 特点总结为企业间大规模协调、阶级斗争与资本竞争相对温和、货币制度稳定等 11 条。随后，GWB 将上述制度结构归纳为战后资本主义的四大支柱：劳资关系调和、美国统治下的和平、资本家与民众关系调和、资本内部竞争缓和。这些制度结构支撑了战后"黄金二十年"的快速增长，内部矛盾的发展则使其在 1960 年代后期逐渐瓦解，最终发展成 1970～1980 年代的经济危机。1983 年 GWB 明确指出："美国与资本主义经济正处于上世纪以来的第三个长波危机之中"[①]。

SSA 学派对此轮长波的关注点集中在其危机阶段。Gordon 列举了战后长波扩张存在的内部矛盾，包括过度自动化带来的利润下降、公司借贷增加的隐患、工人反抗加剧、竞争日趋激烈等。根据历史经验，他认为危机将会持续很久，不仅快速增长将消失，战后 SSA 也将被侵蚀。除非新 SSA 建立，否则积累无法自动恢复平稳。GWB 也认为，滞胀危机的突出特征在于，"商业周期"以"非再生产性周期"为特征，不能通过自身运转迅速恢复积累，需要对 SSA 作根本性变革。根据定义，"非再生产周期"的实质为"较高的工资产出比"[②]。因此在 GWB 看来，"商业周期"之所以由"再生产的"变为"非再生产的"，原因是技术水平、劳动生产率、劳动强度无法继续增加，或其增加被名义工资增加所抵消，从而降低了资本家的利润率。

SSA 学派普遍认为，1970 年代的经济危机更多源自供给方面，不是"剩余价值实现的危机"而是"剩余价值生产的危机"。"剩余价值实现的危机"即资

[①] 他们对长波历史的考察从 1890 年开始，认为危机阶段包括 1890～1903 年、1926～1937 年、1969～今。

[②] 具体而言，"非再生产周期"判断标准为："实际单位劳动成本"（即实际工资与每小时产出的比例）在"峰→谷"阶段（即下降阶段）后的一年中上升。例如，"1969→1971→1973"为一个"峰→谷→峰"商业周期，则 1972 年"实际单位劳动成本"的上升表明该周期为非再生产周期。另外，"再生产周期"的"峰→谷"阶段，失业与"实际单位劳动成本"负相关，而"非再生产周期"的"峰→谷"阶段，失业率与"实际单位劳动成本"没有统计关系。具体论证过程参见《长期波动与非再生产周期》。

强劳弱导致需求相对萎缩，剩余价值无法顺利实现，1930年代的大萧条即为典型例子。而"剩余价值生产的危机"，即因工人阶级太强大而挤压了资本家的利润，导致剩余价值生产受阻，又称"利润挤压型危机"。传统马克思主义强调前者，但SSA学派在研究滞胀危机时强调后者。SSA学派批判了将利润率下降归因于"资本家过度投资"或"消费不足"的解释，并提供了两条证据：（1）利润率大幅下降发生在消费下降之前；（2）危机前并未发生收入分配由劳动向资本的变动。因此滞胀危机源于国内工人阶级、国内民众、国外竞争者力量的增强，这侵蚀了资本家的利润，影响了剩余价值的生产。

对危机性质的认识也塑造了SSA学派的政策主张。既然危机源于资本家的利润受挤压，那么摆脱危机的有效办法应是强化资本家阶级力量并限制工会，以恢复利润率并重启积累进程。此时任何试图阻止垄断或削弱资本家力量的努力将只会加深危机。但这种办法将加重底层人民的经济痛苦，且不能保证一定成功，原因在于资本家强化自身力量并压制其他力量的过程也要付出高昂代价。部分SSA学者提出一种理想方案：社会主义民主。即采取由社会公众来控制政府与经济的过渡性做法，以避免维持剥削所需付出的昂贵代价。

当然，滞胀危机早已成为历史尘埃，SSA学派当时的观点也不再适用于当前的发达国家。但这些观点可能对当前很多新兴经济体具有重要意义，因为它们面临与当年发达国家同样的情况，即技术水平、劳动生产率、劳动强度增加缓慢，名义工资迅速上升，而企业利润空间却不断缩小。

五、 新自由主义 SSA 与长波

（一） 新自由主义初期的长波扩张

SSA长波论在研究新自由主义时遇到了问题。战后SSA于1973年左右开始崩溃，随后是持续到1979～1981年的停滞与制度转型期。转型期出现了很多新自由主义言论，包括放松企业监管、削减社会福利、紧缩货币政策等。1980年代里根与撒切尔执政后开始打击工会，标志着新自由主义制度正式确立。但直到21世纪初，学者们对新自由主义是否形成SSA仍未达成一致。原因在于，尽管以新自由主义为特点的制度重构已经发生，但该时期美国与世界经济的增长绩效并不乐观。1980~2000年美国GDP年均增长率为3.1%，这与1974~1979年长波危机阶段的3%相比，并无显著提高。

为使SSA理论适用于对新自由主义制度结构下增长与停滞的分析，科茨、Wolfson等人将"SSA"概念调整为"稳定资本主义某些重要矛盾，使其不过度破坏积累的制度结构"，即SSA可促进资本积累（以利润率来衡量）但不一定带来快速增长（以GDP衡量）。因新自由主义可通过以下方面促进获取利润[1]：（1）提高资本优势，减缓工资上涨与生产成本；（2）私有化、解除管制、公共服务外包使逐利资本获得自由；（3）维持社会运行的成本开始由资本转移到劳动者承担；（4）逐利活动地理范围的扩张带来规模经济与专业化；（5）金融扩张赋予穷人提前消费的能力。上述制度结构扭转了利润率的长期下滑。因此新自由主义制度结构符合SSA的新定义，而1979~2007也可视为一段温和的长波扩张时期。科茨称之为"大缓和"。

然而新自由主义的长波扩张与"黄金二十年"的扩张显然不同。为解释两段扩张期的制度差异，SSA被分为"调节主义SSA"与"自由主义SSA"[2] 两类。两者核心区别在于政府在经济中的角色。前者特点包括：政府积极干预经济、劳资妥协、竞争缓和、主流意识形态强调政府作用。后者特点包括：有限政府、资本主导劳动、资本竞争激烈、自由市场意识形态。调节主义SSA比自由主义SSA更有利于积累，原因在于自由主义的缺陷：（1）具有降低实际工资并产生总需求不足的倾向；（2）放弃了反周期的财政政策，缩减社会福利，放松金融监管，使经济易受重大危机的打击；（3）具有加剧阶级冲突并恶化投资环境的倾向；（4）激烈竞争使个体决策者倾向于短期策略而忽略长期投资，只

---

① 此处利润特指资本家的利润。

② 科茨最初的划分是"调节主义IS（即Institutional Structure，制度结构）"与"自由主义IS"。IS与SSA区别在于：SSA可促进资本积累，而"IS"只是稳定资本主义矛盾。但后来的SSA学者如马丁·沃尔夫森则忽略了这种区别，将两者视为等同。

有后者才能快速促进积累。而新自由主义 SSA 则是"自由主义 SSA"的当代版本①。因此 SSA 学派坚信新自由主义带来的发展不可持续，必将造成重大的社会与经济危机。

那新自由主义 SSA 为何还会出现呢？科茨认为尽管"调节主义 SSA"比"自由主义 SSA"更利于积累，但调节主义只在特定历史条件下才会形成。这些条件包括：后发经济体以国家力量推动发展、出现对资产阶级的重大政治威胁、严重的经济危机等。这些条件迫使国家采取措施克服资本主义抵制中央调节的强大竞争性力量。一旦这些条件停止发挥作用，将会出现向自由主义的转变。而 1980 年代以来新自由主义的出现，正是源于经济全球化削弱了寡头垄断结构、工人运动与国际社会主义运动衰减降低了资产阶级面临的威胁、大萧条逐渐过去等因素，而 2008 年的大危机则扭转了这一趋势。

（二）新自由主义与当前停滞

由于 2007～2015 年美国 GDP 年均增长率仅为 1.19%，因此 SSA 学派认为美国与资本主义世界进入了长波停滞期，并认为当前长波停滞的根本原因在于自由主义 SSA 的危机②。因此当前美国进入长波停滞期的根本原因与 1970 年代的滞胀危机不同，而与 1930 年代的大萧条相似，即均源于"自由主义 SSA"由促进积累转向阻碍积累，但科茨等人并未对该结论提供数据支持。

新自由主义 SSA 如何由促进积累转向阻碍积累的呢？SSA 学派分析了新自由主义 SSA 的主要制度，包括自由主义的意识形态、要素在全球范围内自由流动、政府角色的变化、劳动力市场中雇主对劳动占据优势、企业之间竞争加剧等。其中政府经济角色变化最显著，包括：宏观政策目标由保就业转向防通胀；解除对基础设施部门与金融部门的管制，减少对消费品安全、工作安全和环境

---

① 很多学者认为新自由主义的"新"，不仅因其处于当前阶段，还因其具有一些与古典自由主义不同的特征，如"全球化""金融化"，但这一点受到了 Gordon、Alderson 等人的质疑。Gordon 认为当今的全球化与历史上的全球化并无显著区别，Alderson 则认为全球化的影响被夸大。参见《当代资本主义及其危机：21 世纪积累的社会结构理论》第 104 页。

② 科茨认为，1900 年至今经历了两次调节主义 SSA 与两次自由主义 SSA，两次调节主义 SSA 的危机尽管导致不稳定但经济仍在增长，而两次自由主义的危机（1930、2008）则带来了停滞。科茨由此推论调节主义的危机将导致经济不稳定，自由主义 SSA 的危机将会带来经济停滞。参见《经济停滞与制度结构》。

的监管；公共物品和公共服务的私有化和外包；削减社会福利；对商业和富人减税。政府从经济领域的退出导致制度结构发生三种变化：（1）不平等增加；（2）金融部门日益专注于投机性与风险性活动；（3）一系列大资产泡沫产生。这些成为2008年金融危机的重要原因。其中不平等的增加是根本。

科茨等人指出，初期金融创新与资产泡沫的出现赋予人们提前消费的能力，成功推迟了总需求不足问题并带来短暂扩张。但同时导致家庭与金融部门负债攀升，以及不良金融资产在金融体系内的扩散。这种增长机制只有在资产泡沫不断扩张的情况下才能维持。1990年代维持增长的股市泡沫于2000年破裂，随后房地产泡沫取而代之，成为刺激经济扩张的工具，其规模远大于股市泡沫。然而，一旦房地产泡沫停止膨胀，且无其他大型资产泡沫取而代之，停滞在所难免。2007年次贷危机使家庭不能再随意地抵押房产，而是要开始偿还债务，这导致消费支出下降。房产泡沫的崩溃同时使不良金融资产价值暴跌，导致高杠杆大金融机构破产与金融恐慌。消费支出下降与资产价值暴跌打击了投资者的信心，使投资萎缩，从而进入长波停滞。因此SSA学派认为，新自由主义危机的本质是"剩余价值实现的危机"，其根源在于自由主义SSA所导致的贫富分化。

SSA学派认为，由于新自由主义促进利润增长的能力已达极限，因此金融危机不仅是一场经济衰退，也预示着新自由主义SSA"正在走向崩溃"。Vic-torD. Lippit指出，尽管危机后美国政府出台了包括降低联邦基金利率、为很多债务作担保、向投行借钱、7000亿美元不良资产救助计划、7870亿美元经济刺激计划等政策措施，以为美国经济注入金融与财政刺激，并试图加强国家调节，抑制金融资本过度膨胀并开启"再工业化"进程。但一方面，为偿还债务，家庭将努力限制其消费支出，这意味着消费主导型经济很难恢复先前水平。另一方面，茶叶党等社会集团强烈反对政府干预经济，而新自由主义的拥护者仍坚持减少总需求的公共政策（如立即大幅削减公共支出），这些均将使对经济的进一步刺激变得更难。因此，由消费驱动且由债务支撑的经济增长难以重现，取而代之的是旧SSA瓦解后的经济停滞期。

经济停滞期往往伴随着社会冲突的加剧。目前美国各社会群体尚未就制度改革的方向达成一致，这引发了一些社会冲突。茶叶党运动、占领华尔街、特朗普当选、英国脱欧公投、贸易战升级，都是这些冲突的表现。根据 SSA 理论，资本主义经济的未来取决于正在进行的各种斗争。虽然从新自由主义 SSA 崩溃到新 SSA 建立的时间并不确定，但历史经验表明该时期将会很长。2008 年至今的停滞已持续十年，但在新 SSA 产生前停滞仍将持续。不过停滞并不是永久的，新 SSA 将产生于当前的混乱状态。科茨等人预测，在未来的 SSA 中，国家在经济中的作用将会增强，即形成一个新的调节主义 SSA，但这需要经历广泛的社会斗争。一旦新 SSA 形成，将标志着资本主义发展到一个新阶段。

六、 一个总结性的评论

（一）SSA 长波论的贡献

显然 SSA 学派是当今西方马克思主义学派中最具活力的一支。SSA 长波论在方法论上的重要贡献包括：从制度结构角度出发来解释长波；利用精密的数学方法判断长波的存在性；以社会群体间的斗争来探讨长波的动力机制，以"阶级斗争的长周期"来解释长波持续时间。在解释滞胀危机时，SSA 学派提出了"再生产性周期"与"非再生产性周期""剩余价值生产的危机"与"剩余价值实现的危机"的概念。SSA 学派研究长波时所秉持的原则也极具启发性。而 SSA 长波论最重要的现实意义则在于通过对新自由主义 SSA 及其危机时所进行的分析来考察当前资本主义经济停滞的性质。通过"调节主义 SSA"与"自由主义 SSA"概念，SSA 学派分析了新自由主义制度结构由促进积累向阻碍积累的转变，从而对当前停滞的长期性与资本主义经济未来走向作出预测。

我们当然可从马克思"生产力与生产关系"理论角度来理解 SSA 长波论，即生产关系与生产力相适应会促进生产力发展，带来长波扩张；而生产关系与生产力不适应会阻碍生产力发展，带来长波收缩。但 SSA 长波论的创新显而易见。首先，马克思的"生产关系"概念过于抽象，而 SSA 学派则将其具体化为经济内部各种冲突与稳定这些冲突的系列制度（即 SSA）。其次，马克思更强调经济变迁过程中生产力的基础性作用与客观规律性，而 SSA 学派则更强调生产关系的反作用与主观能动性，认为 SSA 的建立与巩固对长波扩张至关重要。

与传统马克思主义相比，SSA 学派更关注经济如何由停滞转入扩张。传统马克思主义重在批判与警示，强调资本主义政府的阶级属性，聚焦于论证危机爆发的必然性，但对经济如何摆脱停滞进入扩张则关注不足，而其取消私有制的主张则被认为远离现实。SSA 学派吸取了这些建议，认为繁荣不意味着资本主义将永续，停滞也不意味着资本主义将很快灭亡，它们只是对特定时期发展模式效果的反映。由于 SSA 理论关注更具体的制度层面，因此从社会治理角度更容易被执政者接受。尽管 SSA 学派也认为新 SSA 的建立需要经历社会群体间的剧烈斗争且过程缓慢，但不同于马克思的悲观论调，SSA 学派对政府为摆脱停滞而寻求变革的努力持肯定态度。在这点上，SSA 学派也受凯恩斯主义影响，只不过凯恩斯更关注政府在刺激消费与投资方面的作用，SSA 学派更关注政府在平衡劳资关系方面的作用。尽管后期 SSA 文献向传统马克思主义回归，但其保持了对"政府在摆脱萧条中的作用"的重视。这一点从 SSA 学派预测"长期停滞后建立的新 SSA 中政府作用将会增强"即可看出。这在当前资本主义增长停滞的背景下凸显了 SSA 长波论的现实意义。

（二）SSA 长波论的不足与展望

但 SSA 长波论并非完美。在早期理论建构上，SSA 长波论所受质疑包括以下几点：（1）"扩张期 SSA 相对稳定而停滞期 SSA 剧烈变动"的假定。一些研究表明，长波扩张过程中很多制度也在反复变化，如削减社会福利作为新自由主义 SSA 的要素，1980 年代付诸实践，但随后多次反转[①]。但倘若扩张期与停滞期 SSA 都经常变动，何以断定扩张期 SSA 稳定而停滞期 SSA 却处于瓦解中？这降低了 SSA 长波论的说服力。（2）未能说明 SSA 中诸多庞杂的制度如何形成一个有机整体。（3）未能解释"不同国家 SSA 的巨大差异"与"国际长波的同

---

① 参见《当代资本主义及其危机：21 世纪积累的社会结构理论》第 90 页。

步性"。

上述质疑由科茨（1987）给出。后期 SSA 长波论的发展部分解决了这些质疑。首先，五大关系法及多元决定论的引入解决了 SSA 中具体制度的组织原则问题。其次，Terrence McDonough 引入"跨国机构"① 来解释国家 SSA 与国际 SSA 的互动，尽管其并未将 SSA 与国际长波联系起来，但为解决该问题提供了可能。

然而最重要的问题仍悬而未决。这便是"扩张期 SSA 相对稳定而停滞期 SSA 会剧烈变动"的假定。另外 SSA 学派认为"新 SSA 的建立是长波扩张的必要前提"，但一些学者却发现 SSA 的具体制度存在滞后发展的情形。举两个例子：（1）SSA 学派将布雷顿森林体系视为战后 SSA 核心制度之一，认为该制度创建了固定汇率和开放经济的稳定体系，刺激了国际贸易和投资，促进战后繁荣。但 Fred Block 指出该体系直到 1950 年代后期才正式完成，而布雷顿森林体系完成后，美国却经历了巨大的黄金外流。（2）SSA 学派认为新自由主义时代国家对经济的控制程度降低，但这与 1980 年代、21 世纪初美国的巨大财政赤字相悖。新自由主义学者认为赤字是政府使用凯恩斯主义手段扩张经济的后果，SSA 学派则认为赤字源于税收减少与军事支出增加，但两派均无法成功说服对方。上述例子涉及 SSA 学派对"制度"发展的历史认知，这正是 SSA 长波论最受争议的地方。作为"概念和历史性质的混合物"，SSA 长波论对历史的解释并未得到一致认可。

回到当下。尽管 SSA 长波论成功解释了新自由主义制度结构由促进积累向阻碍积累的转变，但其对当前停滞的研究仍是不充分的。一方面，与其他长波论相比，SSA 长波论对投资的关注不足。在新自由主义长波停滞中，新技术革命对投资推动作用的减弱、始于 90 年代后期的长期利润率下降、美国制造业在世界市场上优势的丧失等均是导致投资下降的重要原因，SSA 长波论很大程度上忽

① 在麦克唐纳那里，"跨国机构"的概念与传统意义上全球性机构组织相区别，是一种从本质上不同于以往任何国家机构的组织，包括各种跨国企业、论坛、公益组织和当前正在被联合和转化的区域国家机构，是一个多层次的综合体。它将不同等级的功能机构联系起来，这些机构本身有着不同的历史背景和发展轨线。在政策制定、全球性经济事务管理方面，这些跨国机构部分取代了主权国家的政府机构功能。

视了上述因素。另一方面，与对滞胀危机的研究相比，SSA 学派对当前停滞研究的数量较少。滞胀危机期间涌现出大批 SSA 文献以探讨当时危机的性质，促进了 SSA 学派的理论创新，但国际金融危机后仅有科茨、Lippit 等少数人仍在用 SSA 框架分析经济问题，其理论创新性已大不如前。

对 SSA 长波论的理论严格进行梳理，并关注其最新发展及理论创新，有助于加深中国马克思主义政治经济学与西方马克思主义各学派间的交流，为开创中国理论、讲好中国故事、繁荣中国特色社会主义政治经济学贡献智慧。由于 SSA 长波论为持续的研究项目而非已确立的、单一的理论体系，因此对其梳理难免有纰漏与不足之处，恳请各位同人批评指正。

参考文献

[1] 蔡万焕. 积累的社会结构学派视野中的新自由主义及其危机 [J]. 教学与研究，2016（1）.

[2] 大卫·科茨，张开，顾梦佳，崔晓雪，李英东. 长波和积累的社会结构：一个评论与再解释 [J]. 政治经济学评论，2018，9（02）：188–215.

[3] David M. Gordon, Up and Down the Long Roller Coaster, In, U. S.

[4] Capitalism in Crisis, New York：Union for Radical Political Economics, pp. 22–35.

[5] 丁晓钦，尹兴. 积累的社会结构述评 [J]. 经济学动态，2011（11）.

[6] J. Van Duijn. The Long Wave in Economic Life, London [J]. George Allen and Unwin, 1983.

[7] McDonough, T, Social Structure of Accumulation：Contingent History and Stages of Capitalism, in：Kotz, McDonough & Reich (1994)：72–84.

[8] George Garvy. Kondratieff's Theory of Long Cycles [J]. Review of Economic Statistics, 1943, 25 (4)：203–220.

[9] C. Van Ewijk. The Long Wave：A Real Phenomenon？ [J]. De Economist, 1981, 129 (3)：324–372.

C. Van Ewijk. A Spectral Analysis of the Kondratieff Cycle [J]. Kyklos, 1982, 35 (3)：

468 - 499.

［10］David Gordon, Richard Edwards and Michael Reich. Segmented Work, Divided Workers ［M］. Cambridge: Cambridge University Press, 1982.

［11］James O' Connor. The Fiscal Crisis of the State ［M］. New York: St. Martin' s Press, 1973.

［12］Samuel Bowles, David Gordon and Thomas Weisskopf. Beyond the Wasteland: A Democratic Alternative to Economic Decline, Garden City ［M］. AnchorPress, 1983.

［13］马丁·沃尔夫森, 李静. 社会积累结构理论视野中的新自由主义 ［J］. 国外理论动态, 2004 （10）: 16 - 20.

［14］科茨, D. M. Long Waves and Social Structures of Accumulation: A Critique and Reinterpretation ［J］. Review of Radical Political Economics, 1987, 19 （4）: 24 - 35.

［15］戈登, 张开. 长周期的上升与下降 ［J］. 教学与研究, 2016 （1）.

［16］常庆欣. 激进政治经济学的新趋向研究 ［J］. 中国经济出版社, 2012 （1）: 110.

［17］科茨, D. M. Neoliberalism and the Social Structure of Accumulation Theory of Long - run Capital Accumulation ［J］. Review of Radical Political Economics, 2003, 35 （3）: 263 - 270.

［18］Fred Block. The Origins of International Economic Disorder ［M］. Berkeley: University of California Press, 1977.

［19］Thomas Weisskopf. The Current Economic Crisis in Historical Perspective ［J］. Socialist Review, 1981, 57: 14.

［20］高峰. 论长波 ［J］. 政治经济学评论, 2018, 9 （01）: 60 - 105.

［21］朱安东, 王娜. 新自由主义的新阶段与资本主义的系统性危机 ［J］. 经济社会体制比较, 2017 （04）: 1 - 9.

［22］张沁悦, 马艳, 王琳. 基于技术与制度的经济长波理论及实证研究 ［J］. 马克思主义研究, 2015 （05）: 74 - 85 + 121.

［23］马艳, 王琳. 三大经济长波理论的比较研究 ［J］. 当代经济研究, 2015 （03）: 32 - 39 + 96.

［24］孟捷.资本主义经济长期波动的理论：一个批判性评述［J］.开放时代，2011（10）：101 - 120.

［25］许建康.经济长波论及其各学派分歧的最大焦点［J］.经济纵横，2009（11）：1 - 6.

［26］张翔宇，赵峰.资本积累、社会结构与资本主义经济增长——积累的社会结构理论的视角［J］.生产力研究，2009（08）：12 - 15.

［27］刘祥琪.世界资本主义的新自由主义全球化阶段［J］.国外理论动态，2005（03）：11 - 13.

［28］菲利普·A 奥哈拉，刘英.关于世界资本主义是否进入长波上升阶段的争论（下）［J］.国外理论动态，2005（02）：21 - 26.

［29］菲利普·A. 奥哈拉，刘英.关于世界资本主义是否进入长波上升阶段的争论（上）［J］.国外理论动态，2005（01）：23 - 28.

［30］李连仲.长波理论与世界经济发展［J］.探索，2000（03）：11 - 14.

（作者单位：北京大学经济学院）

"民主集中"还是"要民主不要集中"

——20世纪60年代中国和东欧政治经济思想的不同走向

王　虹

摘要： 只讲集中不讲民主，经济政治生活陷入僵化（苏联），只讲民主不讲集中，政治涣散、解体乃至陷入被颠覆的危险（东欧各国），事实证明，这两种发展模式都是不可持续的，也是不利于社会经济的长期稳定发展的。中国在吸取苏联和东欧发展模式经验教训的基础上提出了"鞍钢宪法"："鞍钢宪法"包含"坚持政治挂帅、加强党的领导、大搞群众运动、实行两参一改三结合（干部参加集体生产劳动，工人参加企业管理，改革不合理的规章制度，在生产、技术、管理等改革和改进上实行领导干部、技术人员和工人相结合）、大搞技术革新和技术革命"五项基本原则。"鞍钢宪法"达到了"民主"与"集中"并重，既没有陷入苏联模式"一长制"带来的僵化情况，也避免了东欧各国所出现的"工人自治"和"党的领导"相对立的情况以及无政府工团主义倾向的危险。因此，"鞍钢宪法"是中国立足于本国实际，在政治经济发展模式上的探索，对当下和未来的中国经济发展模式问题依然具有启发性。

关键词： 民主与集中　东欧经济改革　鞍钢宪法　工人自治

一、"鞍钢宪法"与中国工厂治理

新中国建立初期，中国和东欧国家都效仿苏联的经济发展模式进行生产，但随着内外环境条件的变化，苏联模式的不可持续性也越来越明显，具体表现在四个方面。第一，苏联经济因为战时所需，长期片面追求高速度，然而战争结束后，经济政策并没有得到及时调整以适应后期的经济社会发展需要。由于这种政策导向，国内产业布局逐渐失去平衡，各个产业之间的矛盾逐渐凸显，社会资源被浪费。重工业发展迅猛而轻工业和农业滞后，也造成了社会生活资源不足。第二，70年代下半期以前，苏联主要是粗放型经营，即投入大量劳动力等，但后来这种条件已经不存在，劳动力资源有限，如果不进行产业升级，经济发展就会逐渐停滞。第三，资源开发条件日益恶化，已不能靠扩大资源开发来维持增长速度。第四，企业管理模式的问题：过度集约型经营和"一长制"严重束缚生产力发展，企业缺乏活力，员工缺乏积极性，经济效益差。

在反思斯大林模式的政治经济体制基础上，中国和东欧走向了两个不同的方向：中国通过对"马钢宪法"的批判以及对苏联政治经济学理论的反思，提出了以党委为核心的领导层与生产领域、技术领域的结合，一方面坚持党的领导，一方面激发群众的生产积极性。东欧则由反对苏联"一长制"直接走向了放弃党的领导的趋势，过度夸大和美化"工人自治"的实践，认为这种管理模式能最大程度地实现民主。

这两种走向都源于对苏联强调"专家治厂""业务第一""利润挂帅""物质刺激""一长制"等的"马钢宪法"体制的反对。"马钢宪法"由于"一长制"导致了管理权的高度集中，"专家治厂"导致了技术更新的问题，以及科层制带来的员工劳动积极性的缺乏等弊端，面对这样的问题，中国和东欧各国分别根据自身的实践和国情提出了自己在经济管理制度方面的改革思想，但是由于实践与认识的不同，分别产生了不同的结果。

1960年3月22日，中共中央批转《鞍山市委关于工业战线上的技术革新和技术革命运动开展的报告》。在批示中指出："鞍钢是全国第一个最大的企业，职工十多万，过去他们认为这个企业是现代化的了，用不着再有所谓技术革命，更反对大搞群众运动，反对'两参一改三结合'的方针，反对政治挂帅，只信任少数人冷冷清清地去干，许多人主张'一长制'，反对党委领导下的厂长负责制，他们认为'马钢宪法'（苏联一个大钢厂的一套权威的办法）是神圣不可侵犯的。"① 可以看到"鞍钢宪法"的提出有两个基础，一个是"大跃进"的延续，一个是对苏联强调"专家治厂""业务第一""利润挂帅""物质刺激""一长制"等的"马钢宪法"的反思和批判。目标是实现生产领域的群众运动和经济民主。中国提出的"鞍钢宪法"，一方面在中国的国营工业企业中实行党委领导下的厂长（经理）负责制，一方面实现群众运动和经济民主，让干部参与劳动，让职工更多地参与到生产计划的制订中。

"鞍钢宪法"包含"坚持政治挂帅，加强党的领导（有理论学者认为，加强党的领导应该是针对专家治厂、一长制提出的，它使得中国的国营工业企业中实行党委领导下的厂长〈经理〉负责制。这既是以分权实现经济民主的一种方法，也是加强国家对经济控制的一种方法），大搞群众运动，实行'两参一改三结合'（'两参一改三结合'，即干部参加集体生产劳动，工人参加企业管理，改革不合理的规章制度，在生产、技术、管理等改革和改进上实行领导干部、技术人员和工人相结合），大搞技术革新和技术革命"五项基本原则。② 针对"鞍钢宪法"这五大原则，毛泽东在《读苏联〈政治经济学教科书〉的谈话》中指出："在劳动生产中人与人的关系，也是一种生产关系。在这里，例如领导人员以普通劳动者姿态出现，以平等态度待人，改进规章制度，干部参加劳动，工人参加管理，领导人员、工人和技术人员三结合，等等，有很多文章可做。"③

---

① 中共中央文献研究室.《建国以来重要文献选编第十三册》[M]. 北京：中央文献出版社，1996：109.
② 鞍钢宪法五项原则 [J]. 鞍钢革新，1972 (1).
③ 毛泽东. 读苏联《政治经济学教科书》的谈话//毛泽东文集：第八卷 [M]. 北京：人民出版社，1999：134.

二、 东欧工人自治中的民主与集中

以"反斯大林主义"为前提，建立在西方"人本主义马克思主义"思想基础上的东欧新马克思主义理论普遍存在一个方法论问题：将需要在历史演变过程中由于各种条件的具备才能引起的变化直接作为理论前提，或者说将"可能"与"趋势"直接作为"应该"来对待。采取的方式是：先绝对化地分离经济发展与社会发展两个概念（通过马克思早期著作的只字片语），然后将人的主体性与经济发展规律对立起来。推论中存在着将马克思所说的"像……"解释为"是……"这样的理解偏差，是对客观前提的忽略，也是对人的主观能动性的片面强调。

最终，他们难以避免将"工人自治"与"党的领导"对立起来，或者说将"民主"与"集中"对立起来，认同"民主"而反对"集中"的思路。这种形而上的思维方法也充分地体现在了相关理论的推导过程中，即使他们声称自己是以马克思主义思想为先导，但最终的情况却必然偏向到唯心主义、机械唯物主义、片面的人道主义。东欧的"新马克思主义思想路线"可以简而言之地归纳为"表面的马克思主义"和内在的"经验论"的结合。这不能不称之为意识形态领域的不战而败。

在实践中，对是否要集中，即是否要由党委来领导生产这个问题，东欧思想界由反对苏联"一长制"直接走向了放弃党的领导的趋势，过度夸大和美化"工人自治"的实践，认为这种管理模式能最大程度地实现生产民主。以南斯拉夫为例，南斯拉夫工人自治的特点是：（1）反对"权威"，由反斯大林主义走向自由主义/无政府工团主义极端；（2）反对严格的组织规章纪律；（3）最为要害的是他们依傍的是所谓的人道主义、人本主义资产阶级观念（起码还没有彻底改造为社会主义的人本主义）。

但只强调"工人自治"而否定党的领导，在事实上就形成了"多元"即多中心的局面，就不得不面对如下几个问题：（1）作为生产机构，企业如果没有一个统一的领导、统筹和规划，有时候容易形成生产部门之间的相互抵牾，无法更好地协调生产。如果说完全的"一长制"禁锢了生产，那么完全没有统一领导的生产则会使得生产部门之间相互阻碍。（2）如果没有统一的领导，没有严格的组织规章和纪律，要完成生产任务和提高生产效率基本上是不可能的。（3）生产领域的民主可以激发出员工的生产积极性，但如果没有统一的领导、统筹和规划，生产积极性也无法落实。（4）最后也是最重要的问题是，丧失了党的领导，只谈生产单位的"自组织"形式，就容易逐渐形成无政府工团主义，在现实中则是形成无数政治小团体（如波兰的"团结工会"），由于任何声称去掉了统一领导的组织都会必然地形成小团体的核心，而一旦形成了这样的小团体，就必然与其他团体之间产生对立，乃至与国家整体政治经济布局抵触和矛盾，形成被高度政治化的、与整体社会隔离的团体，从而产生社会不稳定的因素（譬如 1956 年波匈事件）。

事实上，以波兰为例，在 1988 年 12 月波兰统一工人党十中全会通过《关于政治多元化和工会多元化的立场》决议之后，工会活动由于缺少了党的有力指导，而成为各方政治势力操控的工具，政治性的罢工越来越多，而这些罢工的背后都有西方财政资助或者宗教团体（如波兰的"团结工会"）的身影，而宪法逐渐形同虚设，整个社会和政治生态被破坏。

三、 人本主义与东欧改革

从理论上来看，东欧的政治经济理论根源是西方马克思主义中的"人本主义派"，从而与西方马克思主义中的另一派——"科学主义马克思主义"对立。"人本主义马克思主义"强调马克思的早期著作中诸如"异化"等概念，甚至认为马克思主义就是"人本主义"思想，从而彻底与客观性、历史唯物主义决裂，走向强调主观性、抽象人性论的"人本主义马克思主义"的道路。典型的如捷克斯洛伐克 1968 年改革，由当时的捷共中央第一书记杜布切克提出的"具有人道面貌的社会主义"改革设想，认为"党的决议制对国家机关、社会团体中的党员具有约束力，但国家机关和社会团体的工作和责任是独立的"，从而放弃了党对基层管理和生产领域的领导权。在改革国家政治结构，使捷克斯洛伐克变成联邦制共和国的同时，这次改革还按照希克的"计划市场模式"和考斯塔的"分权计划模式"对经济机制进行了改革，下放生产决策权到企业。虽然这一系列政策未能充分实施，但却已经为将来的社会解体埋下了伏笔。

然而，以抽象人性论为基础，并且否定历史发展客观性的思想，必然和唯心主义以及各类资产阶级意识形态日趋同流，从而，东欧的社会主义也就逐渐与科学社会主义脱离，成为"人本主义"或者"人道主义"的社会主义，这种社会主义所强调的"民主"则逐渐脱离了大众也脱离了社会发展的需要，走向无政府工团主义和自由主义。思想方面的问题同时又反作用于生产领域，产生了越来越多无法解决的社会问题，导致东欧的社会主义建设距离其初衷愈来愈远。

波兰先放弃了"人民民主专政"道路，1946 年 11 月 30 日，时任波兰工人党总书记的哥穆尔卡在华沙对工人党社会党积极分子讲话时，系统地阐明了"波兰社会主义道路理论"，他认为由于苏联和波兰的历史发展不同，因此波兰是通过和平方式实现的革命道路，因此波兰也可以避免无产阶级专政的阶段，并且波兰和苏联的高度集中的政治体制不同，波兰国家政权是建立在立法和执行职能分开的议会民主制度之上。因此波兰自己的社会主义发展道路是人民民主道路，其基本点是不需要经过无产阶级专政，建立多党议会制。由此，1958 年波兰统一工人党"三大"指出波兰国家的政治领导权不是由波兰统一工人党单独行使，而是它和统一农民党、民主党共同行使，但共同领导在实践中并未实现。

波兰统一工人党后来又进一步放弃了执政党的阶级立场，1980 年波兰危机之后，"多元化理论"逐渐在学术界和波兰统一工人党内占据上风，认为波兰社会存在着利益差别，主张实现各党联合执政。1987 年 11～12 月波兰统一工人党十届六中全会正式肯定了多元化的理论。虽然 1980 年之后的"联合执政"和哥穆尔卡的"共同领导"都是在理论上以共产党的领导为前提的，但在现实实践中都没能真正达到目标。而在1990年1月统一工人党改名为社会民主党之后发表的宣言中，就没有再提到党的领导作用，而是公开声明主张议会民主和多党制。

这种工团主义/自由主义/无政府主义和政治多元化的结果，并没有解决之前的经济和社会问题，而是加剧了问题的严重性：波兰统一工人党的领导地位受到了严重的削弱，先是发生了1956年波兰工人罢工事件，而后又有境外势力及教会势力扶持的打着合法工会旗号的"团结工会"政治势力抬头，在80年代末最终夺取了政治权力，其结果是波兰政治制度被颠覆，国家陷于动荡，经济从此一蹶不振，被国外资本控制。

毛泽东在谈到波匈事件的时候，曾经说过："现在有两个地方发生了问题，一个是东欧，一个是中东。波兰、匈牙利出了乱子，英、法武装侵略埃及，我看这些坏事也是好事。……波兰也好，匈牙利也好，既然有火，总是要燃烧的。烧起来好，还是不烧起来好？纸是包不住火的，现在烧起来了，烧起来就好了。匈牙利有那么多反革命，这一下暴露出来了。匈牙利事件教育了匈牙利人民，同时教育了苏联的一些同志，也教育了我们中国的同志。"[①] 苏联的趋于僵化的生产体制的不可持续性引发各地各国的反对，在探寻自己道路的时候，有一些国家却又走向了另一个极端，暴露了另一方面的很多问题，从而两个方面、两种情况，都为我国的经济发展带来了宝贵的经验教训。

四、 中国和东欧对苏联模式反思的比较

在对苏联经济政治制度的评价上，中国的立场是基本肯定，同时否定其错误的方面。相较而言，东欧国家的立场倾向于不稳定，往往偏向于两种极端，要么完全赞同并强行推广，要么完全反对全盘否定，同时，在经济政治体制改革上也容易走向两个极端。以波兰为例，1949年起展开农业和手工业合作化运

①毛泽东. 在中国共产党第八届中央委员会第二次全体会议上的讲话：1956年11月15日//毛泽东选集：第五卷［M］. 北京：人民出版社，1977：318.

动，排挤私营小工业和手工业，强行进行合作化。强制性的改造政策导致了农民积极性的下降和市场供求紧张。1956年波兰统一工人党二届八中全会纠正之前的错误，马上就走向了另一个极端：对工业企业采取中央计划与企业自治结合的方针，对农业组织强调自愿原则，解散了80%的农业合作社，土地实行私有化，允许自由买卖。

与波兰倡导的集中与分散相结合的社会主义模式相比，南斯拉夫则选择更为分散的经济政治体制模式。中方态度是肯定集中，同时强调民主。东欧各国的选择则是两个极端的来回摇摆，他们普遍将社会主义建设过程中出现的各种问题，视为社会主义的根本性缺陷导致的问题，犯了混淆"程度"与"性质"的错误。另外，波兰、南斯拉夫等国还以较快的速度将一些制度设计直接作为具有普遍可行性的规则进行推广，导致一些问题在短时间内爆发，再加上波兰的多党联合执政，导致政策延续性受到影响，往往"朝令夕改"，极大地动摇了经济发展的稳定性。

"工人自治"和"自治工会"是在波兰和南斯拉夫都存在的管理模式改革的产物。但是波、南两国都力图把政党和工会两者分开，从而彻底实现工人自治。可是，"工会是工人阶级最带有群众性的组织。工会的产生是由于工人阶级必须捍卫自己的物质利益，必须同资产阶级进行斗争来改善出卖劳动力的条件。这是非党的工人阶级组织，其任务是要领导工人阶级的经济斗争。……但是，当无产阶级组织的最高政治形势，即政党产生之后，工会就开始暴露出某种狭隘性，某种不问政治的倾向以及某种反动色彩。党的任务是要领导工会，麻痹工会的某种行为的狭隘性和'反动色彩'，以革命的阶级斗争的精神教育工会，把它变为党联系群众的引带。列宁说：'除了经过职工会，除了经过职工会与工人阶级政党的相互作用之外，无产阶级在世界上任何地方，从来没有过别的发展道路，而且也不能有别的发展道路。'"[①] 但是，没有党作为领导核心的工会就会演变为工团主义/无政府主义，对社会经济发展弊大于利。马克思说："必须绝

---

① 比·尼·巴特里凯也夫. 列宁主义政治战略与策略 [M]. 北京大学马克思列宁主义教研室，译. 北京：高等教育出版社，1958：258.

对保持党的纪律，否则将一事无成。"① 而恩格斯总结巴黎公社失败的教训时也指出："巴黎公社遭到灭亡，就是由于缺乏集中和权威。"② 像东欧国家这种完全不要"集中"，只要"民主"的经济政治模式带来的教训是惨重的。

总之，苏联经济发展模式有不可持续性，东欧各国看到了苏联发展模式的弊端，想要摆脱苏联模式的束缚，但是东欧新模式也有自身的问题：（1）各国没有完全摆脱对外国资源及技术的高度依赖。生产和消费两个大类没有得到平衡，东欧普遍采取高消费，短期内提高了生活水平，但从长期角度来看，则忽略了产业规划和经济可持续发展的问题。（2）执政理念：类似于"藏富于民"的高度私有化的观念导致国家将大多数生产利润投入到消费领域，拖后了工业/农业的整体发展。（3）管理模式：走向了和苏联截然相反的方面（即实行"工人自治"等反"一长制"的管理模式），但仍然没有能够协调产业发展关系。其结果是：产业不平衡发展，无法抵御外部经济压力，社会动荡乃至解体。

只讲集中不讲民主，经济政治生活陷入僵化（苏联），只讲民主不讲集中，政治涣散、解体乃至陷入被颠覆的危险（东欧国家）。中国在总结苏联和东欧发展模式经验教训的基础上提出了"鞍钢宪法"。"鞍钢宪法"的目标是实现生产领域的群众运动和经济民主。"鞍钢宪法"一方面在中国的国营工业企业中实行党委领导下的厂长（经理）负责制，一方面实现群众运动和经济民主，让干部参与劳动，让职工更多地参与到生产计划的制订中。这样一来就既避免了苏联模式"一长制"带来的僵化的弊端，又避免了东欧模式带来的无政府工团主义的倾向，并在总结前面两者的经验教训的基础上，结合中国的历史与现实需要，摸索出了可供中国发展参考的模式。

中国和东欧对苏联政治经济制度的反思带来了不同的认识，中国坚持党的领导这一原则，同时发动群众运动，强调领导、技术人员和工人三者的结合，即"既要民主，也要集中"，而东欧则否定党的领导，只强调工人自治，即"只要民主，不要集中"的"绝对民主"，从而走向了自由主义、无政府主义和工团

---

① 马恩全集：第 29 卷［M］. 北京：人民出版社，1972：413.

② 马恩选集：第 4 卷［M］. 北京：人民出版社，1995：606.

主义，由此中国与东欧的社会发展走向了不同的方向。今天回望这段历史，对这个问题的回看，让我们对中国发展模式的思考能够更为冷静、理性，从而避免短期规划、片面认识等带来的社会政治经济的恶果。同时，回忆和总结这段历史道路，对我们当下的企业管理制度改革和社会政治经济体制改革也有所启发。

参考文献

［1］中共中央文献研究室. 建国以来重要文献选编：第十三册［M］. 北京：中央文献出版社，1996：109.

［2］鞍钢宪法五项原则［J］. 鞍钢革新，1972（1）.

［3］毛泽东. 读苏联《政治经济学教科书》的谈话//毛泽东文集：第八卷［M］. 北京：人民出版社，1999：134.

［4］毛泽东. 在中国共产党第八届中央委员会第二次全体会议上的讲话：1956年11月15日//毛泽东选集：第五卷［M］. 北京：人民出版社，1977：318.

［5］比·尼·巴特里凯也夫. 列宁主义政治战略与策略［M］. 北京大学马克思列宁主义教研室译. 北京：高等教育出版社，1958：258.

［6］马恩全集：第29卷［M］. 北京：人民出版社，1972：413.

［7］马恩选集：第4卷［M］. 北京：人民出版社，1995：606.

（作者单位：西南民族大学艺术学院）

新时代国有企业改革发展的理论研究述评

张嘉昕　王艺斌

摘要： 党的十八大以来，中国特色社会主义进入新时代，国有企业在深化改革和创新发展方面取得重大成就。国内学术界围绕新时代国有企业改革发展的有关问题进行了广泛且深入的研究，取得了不少理论成果。本文对学术界在国有企业的性质、地位和作用、绩效提升、所有制结构、监管体制和经营体制领域等几方面的代表性研究成果进行了初步梳理，系统总结国有企业改革与发展相关改革成果，为下一步国有企业改革的具体落实和推进提供理论借鉴。新时代以来，习近平总书记关于国有企业的重要论述为国企改革指明了方向，学术界对这一领域的研究也需要我们重点关注。我们认为，已有的研究从国有企业改革的理论研究和改革路径层面对国有企业改革从宏观和战略层面进行了充分讨论，但是在具体实践领域仍有不足，未来研究的方向是基于现有理论国企改革政策的落实与推进。

关键词： 国有企业　混合所有制改革　国有企业的监管体制　国有企业公司治理结构　国企党建

基金项目： 教育部重点研究基地重大项目"中国国有企业创新驱动发展研究"（16AZD008）；哈尔滨工业大学中央高校基本科研业务费（AVGA571001620）

国有企业是中国特色社会主义经济建设的支柱和引擎，国有企业改革与发展一直是我国整个经济制度改革的核心，其自身改革进展决定着改革的成败。

因此，学术界一直关注着国有企业改革的相关进展，在有关国企的改革方向和改革路径问题上的争论一直没有停歇。党的十八大和十八届三中全会奠定了全面深化改革和深化国有企业改革的基调，确定了"积极发展混合所有制经济"和"推动国有企业完善现代企业制度"①的改革主题，为学术界进一步的研究确定了方向。自党的十八大以来，我国国有企业主要经济指标保持稳定增长态势。国有企业年营业收入由 2013 年的 462150 亿元增长到 2018 年的 587500.7 亿元，年均增长 5.4%。实现利润总额由 2013 年的 23951 亿元增长到 2018 年的 33877.7 亿元，年均增长 8.2%②。

伴随着中国特色社会主义进入新时代，国有企业改革的任务要求也更加迫切，国内学术界对国有企业改革的有关问题展开了热烈的讨论，相关研究成果也不断发表于各个期刊。笔者以篇名为检索条件检测到，党的十八大以来，以 CSSCI 为来源，篇名中包含"国有经济"的文章共发表 122 篇③，篇名中包含"国有企业"的文章共发表 1118 篇④，其中，篇名中既包含"国有企业"又包含"改革"的文章共发表 309 篇⑤。这些研究的主题都围绕国有企业改革，但是在具体观点上存在一定的差异，通过总结和研究相关科研成果，可以系统梳理出国有企业改革的思路和方向，坚定国有企业改革的信心和决心，提升有关决策的科学性，推动经济社会合理有效发展，并对新时代国有企业改革具有重要的借鉴意义。

一、 国有企业的性质、 地位和作用

关于我国国有企业的性质、地位和作用的问题，不同学者之间一直存在着

---

① 中共中央关于全面深化改革若干重大问题的决定 [N]. 人民日报，2013 – 11 – 16（001）.

② 数据来源：国务院国有资产监督管理委员会官网（http://www.sasac.gov.cn/n2588035/n2588330/n2588370/c10315327/content.html）

③ 其中包含会议报告 16 篇，以国外国有经济为研究对象的文章 1 篇，以民国时期国有经济为研究对象的文章 1 篇.

④ 其中包含会议报告 38 篇，以国外国有企业为研究对象的文章 12 篇.

⑤ 其中包含会议报告 21 篇，以国外国有企业改革为研究对象的文章 5 篇.

争论。在国有企业改革的不同阶段，有关国有企业性质和地位的认知也在不断发生着变化，在不同的历史时期，国有企业在经济社会不同行业之间也发挥着不同的作用。基于我国仍处于社会主义初级阶段的科学论断，新时代坚持国有企业在国民经济中的主导地位和主导作用，坚持改革发展"做强做优做大"以国有企业为代表的国有资本，对于保障国民经济运行，维护经济稳定发展有突出的作用。

从所有制角度来讲，我国社会主义的经济基础是生产资料的社会主义公有制。而国有经济作为公有制经济下全民所有制的代表，在国民经济运行中发挥着主导性的作用。习近平总书记指出，国有企业"作为社会主义公有制核心的国有经济的兴衰成败，关系着共产党革命和建设事业的兴衰成败，关系到社会主义事业的兴衰成败"[1]。这种情况表明国有企业作为社会主义经济发展的支柱，在社会主义经济体系中起到主导经济发展的作用，坚持以国有经济为核心的公有制经济是党和政府的执政基础[2]。

在国有企业具体发挥的作用方面，由于市场失灵现象的存在，国有企业在某些公共品和外部性行业的产品供给问题上可以发挥出特殊作用，以保障社会经济的稳定运行和防止社会贫富差距增大[3]。此外，在有关国家经济战略的部门行业，国有企业通过自身直接控股经营，规避私营部门的成本约束，满足国家经济战略需要。

（一）坚持两个"毫不动摇"方针

在国有企业的改革进程中，处理好以国有企业为代表的公有制经济和以民营企业和外资企业为代表的非公有制经济之间的关系成为国有企业建设和改革的焦点。一方面，在社会主义经济体系中，公有制经济占主体地位，国有企业是国有经济的基本形式，是国民经济发展的中坚力量，发挥国有经济主导作用是以公有制为主体的社会经济体系的根本要求；另一方面，社会主义初级阶段

---

① 习近平. 共同为改革想招一起为改革发力群策群力把各项改革工作抓到位 [J]. 基础教育考，2014（17）：79.

② 卫兴华. 发展和完善中国特色社会主义必须搞好国有企业 [J]. 毛泽东邓小平理论研究，2015（03）：1-5+91.

③ 黄少安. 现阶段中国国有经济定位与国有企业改革 [J]. 学术月刊，2017，49（07）：35-44.

的基本国情要求促进非公有制经济健康发展，构建新型政商关系。在这个基础上，推动公有制经济和非公有制经济相互融合，取长补短。通过交叉持股、股份转移等多种形式推动混合所有制，是社会主义基本经济制度的重要载体①。

在社会主义初级阶段，坚持两个"毫不动摇"是促进社会生产力发展和社会全面进步的必然选择，是解决不平衡不充分发展的必然要求，是发展公有制经济、建设现代化经济体系的制度保障②。在社会主义初级阶段的基本国情下，我国的社会生产力与广大的人民群众的社会需求之间依旧存在着较大的矛盾，社会经济体系的各个方面依旧存在着诸多的问题。在这个条件下，坚持两个"毫不动摇"，通过引入非公有制经济提升国民经济整体运行效率和创新能力，坚持公有制经济在国民经济体系的主导地位就显得至关重要。

在具体的经济制度领域中，在两个"毫不动摇"方针的引领下，国有经济应该继续掌握国民经济的命脉，发挥其维持社会主义制度优越性和增强综合国力和竞争力的关键性作用。坚持公有制经济的主体地位、增强国有经济的主导作用是这一方针的主要方面。公有制占主体，必须在量上占优势，又在质上有控制力，两者相辅相成，缺一不可③。

（二）国有企业的主导性作用

在社会主义市场经济体系中，国有企业起到保障国民经济稳定运行，引导国民经济合理有序发展，缓解经济发展过程中突出的问题与矛盾的主导性作用。在那些存在较强外部性、投资产出不均衡和需要较多持续性高投资的基础科学领域和存在自然垄断性的行业，国有企业的存在可以更好地保障非公有制经济自身效率优势的充分发挥，引领经济高质量发展。此外，由于国有经济是国民经济和我党执政的经济基础，其自身主导性的发挥也关系着共产党的革命与建设事业和社会主义事业的兴衰成败。因此，国有企业必须搞好④。

---

① 葛扬. 坚持两个"毫不动摇"是一条基本经验［N］. 兵团日报（汉），2018-10-18（006）.
② 张嘉昕，王庆琦. 坚持两个"毫不动摇"是基于我国国情的现实选择［J］. 红旗文稿，2018（21）：19-21.
③ 周新城. 关于两个"毫不动摇"的理论思考［J］. 国企，2012（08）：72-77.
④ 程恩富. 新时代为什么要做强做优做大国有企业［J］. 世界社会主义研究，2018，3（03）：35-37.

从国有企业存在的原因角度看，资本主义经济自身存在着逐利性、盲目性和自发性等诸多弊端，这会在一定程度上阻碍国民经济的整体协调发展。资本主义经济存在的种种弊端主要是基于私营企业的盲目性、盈利性、分散性和脆弱性等诸多特性而产生的①；此外，政府在一定情况下也需要对国民经济进行直接干预以规范国民经济的正常运行，解决行业中存在的具体问题，保障经济合理发展。

在社会主义初级阶段，国有企业在经济发展中的主导作用具体表现为以下三个使命：第一个使命是弥补市场经济的失灵，保障经济合理有效运行；第二个使命是承担国家产业政策的需要，引领经济社会中主导产业和新型产业的发展；第三个使命是承接国家经济转轨的重任，通过自身整合释放经济活力，引导经济整体转型过渡②。在社会主义市场经济发展的过程中，必须加强社会主义经济的力量，抑制或减轻私有经济在市场经济中的消极作用。如果动摇或者丧失公有制的主体地位和国有经济的主导地位，公有制和私有制的力量对比将可能发生逆转，社会主义市场经济特有的优势就会丧失，必须坚定不移地发挥国有经济的主导作用③。

从国有企业发挥其主导作用的途径看，国有企业的资本投资与发展前瞻性战略产业、保护生产环境、提升创新绩效和科技进步、提供保障性公共服务等方面，服务于国家整体经济战略性目标，在提升自身创新性和产业导向性绩效的同时促进国家产业转型和经济发展④。

（三）"国有企业做强做优做大"和"国有资本做强做优做大"

"国有资本做强做优做大"的目标体现了我国国有企业和国有资本经营管理的战略目标的调整。伴随着新时期经济发展思路的调整和经济发展体制的转型，

---

① 吴宣恭. 对社会主义市场经济特有优势与国有经济主导作用的再认识［J］. 毛泽东邓小平理论研究，2015（01）：74 –78 +92.

② 黄群慧. 国企的功能定位［N］. 中国黄金报，2015 –11 –10（005）.

③ 吴宣恭. 对社会主义市场经济特有优势与国有经济主导作用的再认识［J］. 毛泽东邓小平理论研究，2015（01）：74 –78 +92.

④ 张宇. 国企改革贵在守住本性［J］. 中国质量，2015（06）：35.

国有企业和国有资本的经营管理目标也应更适应结构趋优、动力转换的经济发展新常态。在这个基础上，国有企业的改革与建设目标更重"质"轻"量"，从传统的纠结于国有经济占国民经济的比重和国有经济自身产值与效率高低的"数量指标"转向更加重视国有经济布局和功能的"质量目标"①。

国有企业和国有资本的"做强做优做大"对于其提升自身竞争力至关重要。一方面，在社会主义初级阶段，国有企业是国民经济和我党执政的重要基础，是国家实体经济的强力支撑，是我国社会主义市场经济建设的重要保障。其自身"做强做优做大"不仅可以提升自身的市场竞争力，更重要的是可以保障我国市场经济的平稳有效运行，维护我党长期执政和提高人民生活水平。另一方面，国有企业和国有资本是人民共同利益的重要保障，是增强国家综合实力和国际竞争力的重要力量。在国际范围内的"做强做优做大"可以更好地提升我国的国际地位和国际形象②。除此以外，目前国际资本和金融市场的创新也为我国国有资本"做强做优做大"提供了巨大空间③。

无论是"国有企业做强做优做大"还是"国有资本做强做优做大"，其自身内涵具有一定的一致性。由于社会主义初级阶段的性质和基本国情，国有经济被定义为社会主义全民所有制经济，是国民经济中的主导力量。在这个基础上，国有企业和国有资本在基本内涵上是一致的。"国有企业做强做优做大"是发展和壮大国有经济的基础，"国有资本做强做优做大"是这一基础在宏观层面上的具体表现④。"国有企业做强做优做大"是新时代坚持和发展国有经济的基础，国有资本的"做强做优做大"也需要制定多角度衡量指标以便评价国有资本运行的维护绩效。

从"国有企业做强做优做大"到"国有资本做强做优做大"的转变包含三

---

① 黄群慧. "十三五"时期新一轮国有经济战略性调整研究［J］. 北京交通大学学报（社会科学版），2016，15（02）：1 - 14.

② 程恩富. 新时代为什么要做强做优做大国有企业［J］. 世界社会主义研究，2018，3（03）：35 - 37.

③ 平新乔. 对于做强做优做大国有资本的若干认识［J］. 经济科学，2018（01）：15 - 2.

④ 宋方敏. 论"国有企业做强做优做大"和"国有资本做强做优做大"的一致性［J］. 政治经济学评论，2018，9（02）：3 - 15.

个理论内涵：从监管目标来说，这包含了从"管企业"到"管资本"的管理逻辑的转变过程；从监管体制来说，这表明建立与落实国有资本的授权经营体制的必要性；从公司治理结构角度来说，这提出了建立国有资产控股平台的重要性，从而提升国有资本公司的治理效率和治理能力①。

关于国有企业"做强做优做大"还有何干强②等人的研究，本文暂不展开。

国有企业性质、地位和作用的讨论为国有企业改革奠定了理论基础。国有企业是社会主义的基石，是国民经济发展的"顶梁柱"，是强大的国家实体经济支柱，是保障人民共同利益的重要力量，是国家综合实力和国际竞争力的支撑。国有经济和国有企业是社会主义市场经济体系中重要的组成部分。发展、壮大国有经济是国有企业改革的核心和关键。

从社会主义市场经济体系建设的角度来说，"两个毫不动摇"方针表明新时代国有企业改革方向并非单一所有制，而是多种所有制经济共同发展。保障以国有经济为代表的公有制经济和以民营经济和外资经济为代表的非公有制经济的共同发展是国有企业改革的前提。

从国有企业在社会主义市场经济体系中的作用来说，国有企业的主导性作用表明国有企业改革的原则，即国有企业改革并非要削弱国有企业，而是要加强国有企业在国民经济和社会主义市场经济体系中的主导性作用，通过其自身主导性地位的发挥，保障社会主义市场经济改革和国民经济运行。

从国有企业自身的改革方向来说，"国有企业做强做优做大"和"国有资本做强做优做大"为国有企业改革指明了方向。国有企业改革的核心是重点发挥其自身优势，完善公司治理体系，提升公司治理效率和治理能力，进而提升其在国内市场和国际市场中的竞争力，在保障其自身长期发展能力的同时，进一步保障社会主义市场经济的发展。

---

① 平新乔. 对于做强做优做大国有资本的若干认识 [J]. 经济科学, 2018 (01): 15 - 20.
② 何干强. 在深化改革中做强做优做大国有企业 [J]. 马克思主义研究, 2016 (02): 56 - 65 + 78 + 159.

二、　国有企业的绩效提升研究

长期以来，国有企业一直被外界诟病运行效率低、创新能力差，虽然相关研究对此多有纷争。近些年，伴随着央行的量化宽松政策和资本市场金融创新步伐的加快，国有企业因为其高政策背书又备受商业银行和投资企业的青睐，由此导致了国有企业高负债率的问题。除此以外，国有企业由于其自身特有的属性背负着众多社会责任的使命，同时也承担着许多政策性的功能，这些功能的承担难免要为国有企业的绩效提升带来更多的困难。

（一）　国有企业的经济效率评价

自进入 21 世纪以来，国有资产的运营效率相对其他所有制企业来说呈现出了下降的趋势。就其具体成因而言，国有企业和非国有企业的运行效率在 2000 年以后都有所提高，但是非国有企业效率提升幅度要显著高于国有企业，由此造成了国有企业运营效率相对于整个国民经济运营效率水平低落化的现象①。目前学术界对国有企业相对于民营企业运营效率低下成因的研究主要基于以下三种观点：

第一，政策性偏袒。政府对于国有企业的偏向性政策通过产出扭曲和大型企业两种渠道影响资源配置效率，使得地区国有企业的资本和劳动过度配置②。国有低效率企业难以及时退出市场，且其具有更强的原料和资本获取能力，由此导致市场扭曲和效率低下③。

第二，过度投资。地方政府与国有企业之间长期存在"政资不分"现象，地方政府为了实现自身的经济发展目标往往倾向于对本地区企业，特别是国有企业追加一定的投资，导致了国有企业资本膨胀和产能过剩的问题，进而导致

---

①　黄群慧，余菁．国有企业改革的进程、效率与未来方向 ［J］．南京大学学报（哲学·人文科学·社会科学），2019，56（01）：87－98＋160.

②　杨汝岱，朱诗娥．市场潜力、地方保护与企业成长 ［J］．经济学动态，2015（11）：31－42.

③　张天华，张少华．偏向性政策、资源配置与国有企业效率 ［J］．经济研究，2016，51（02）：126－139.

企业资源利用效率低下的问题①②。

第三，高市场准入壁垒。地方政府对于国有企业的偏袒使得国有企业更难退出市场，进而形成一定的垄断。垄断型国有企业所处行业的行政性准入壁垒挤出了消费者剩余，使得国有垄断企业获得了高额的垄断租金，抑制企业自身的创新行为的效率改进动机③。基于具体数据的实证研究也表明，处在垄断程度越高行业的国有企业的效率损失越大④。

但是，也有部分研究通过对国有企业的总量指标、结构特征和利税比例等方面的数据进行测算分析后发现，国有企业的企业运行依旧具有较强活力⑤，且由于国有企业承担了较多的社会责任和政策性效益，不能不加分析地得出国有经济必然比私有制经济效率低的论断⑥。

（二）国有企业的高负债率

近年来，大企业以及国有企业资产负债率持续增长，虽然这在一定程度上是由于国有企业具有相对较高的信用水平和相对较强的融资能力，但也反映出经营风险很有可能正在向这些国民经济的重要领域和关键部门集聚⑦。高负债率已经成为制约国有企业转型发展和改革的重要因素。

已有的研究从企业内部结构和外部环境分析了国有企业高负债率的原因。

一方面，在现有的对国企高管评价和晋升机制下，国有企业高管发行债务可以在短期内获得高额资本，并提升企业自身规模，进而提升企业高管的晋升概率⑧。这实际上是基于长期以来对高管的评价与晋升机制过分侧重于"规模导

---

① 孙晓华，李明珊. 国有企业的过度投资及其效率损失 [J]. 中国工业经济，2016（10）：109－125.

② 张训常，苏巧玲，刘晔. 政资不分：财政压力对国有企业生存发展的影响 [J/OL]. 财贸经济 2019－11－30（1－15）.

③ 陈林. 中国垄断性行业的准入壁垒及其经济绩效 [J]. 财经研究，2016，42（06）：87－97.

④ 张勇. 国有工业企业的效率究竟提高没有？——市场垄断、政府投资对国企效率的影响 [J]. 经济社会体制比较，2017（04）：21－31.

⑤ 张嘉昕，鞠格通. 我国国有经济发展总体形势的定量分析（1993－2011）——对批评国有经济的实证回应 [J]. 马克思主义研究，2014（04）：63－72.

⑥ 卫兴华. 评析当前关于国有经济的混淆认识 [J]. 毛泽东邓小平理论研究，2016（08）：15－18＋92.

⑦ 黄群慧，余菁. 国有企业改革的进程、效率与未来方向 [J]. 南京大学学报（哲学·人文科学·社会科学），2019，56（01）：87－98＋160.

⑧ 黄少安，滕越洋，李冠青. 规模导向、国企举债与高管晋升机制——基于2009—2017年地方国有上市企业数据验证 [J]. 江汉论坛，2019（06）：5－15.

向"而忽略"效率导向",进而通过企业举债获得超额规模①。另一方面,政府的隐形担保也催生了国有企业的高负债率,且实际数据表明,国有企业混合所有制改革程度越高,国企过度负债水平越低②。

除此以外,银行因为其在发放贷款时的"信贷所有制偏好"会增加对国有企业的长期贷款,且在金融市场不完善的条件下会形成国有企业长期信贷"逆周期"与非国有企业"顺周期"的差异③。地方政府在"稳增长"的经济发展目标下也会对地方国有经济释放人民币贷款④。在当前的背景下,国有资产高负债率已经和地方财政、金融风险问题交织⑤,保障国有资本的平稳运行的同时降低企业负债率成为改革的目标和核心。

（三）国有企业的创新效率

传统西方经济学在高昂的代理成本和"软预算约束"等的理论基础上推导出了国有企业相对于私营企业来说具有更低的运营效率和创新能力的结论⑥。这套文献基于委托—代理理论,认为国家并非称职的企业所有者,国企存在严重的效率损失,由此会导致创新萎靡的问题。

国内的部分学者在我国各类型企业的运营数据的基础上进行比较分析后也得出了类似的结论,即国有企业的创新效率和创新能力要显著低于非国有制企业,这一现象在高新技术产业领域更为突出⑦,且产权性质差异是导致国有企业创新效率低下的主要原因⑧。

但是现有的基于上市国有企业的研究得出虽然目前部分国有企业创新水平

① 陆正飞,何捷,窦欢.谁更过度负债:国有还是非国有企业?[J].经济研究,2015,50（12）:54-67.
② 吴秋生,独正元.混合所有制改革程度、政府隐性担保与国企过度负债[J].经济管理,2019,41（08）:162-177.
③ 郑曼妮,黎文靖,柳建华.利率市场化与过度负债企业降杠杆:资本结构动态调整视角[J].世界经济,2018,41（08）:149-170.
④ 陈平,刘泽炀."稳增长"背景下国有企业信贷研究[J].广东社会科学,2018（04）:37-43.
⑤ 黄群慧,余菁.国有企业改革的进程、效率与未来方向[J].南京大学学报（哲学·人文科学·社会科学）,2019,56（01）:87-98+160.
⑥ 贾根良,李家瑞.国有企业的创新优势——基于演化经济学的分析[J].山东大学学报（哲学社会科学版）,2018（04）:1-11.
⑦ 吴延兵.不同所有制企业技术创新能力考察[J].产业经济研究,2014（02）:53-64.
⑧ 董晓庆,赵坚,袁朋伟.国有企业创新效率损失研究[J].中国工业经济,2014（02）:97-108.

较低，但这并非普遍和必然的现象①，通过政府的简政放权以及相关监管、审计体制的完善②，国企创新动力可以大幅提升③。

除此之外，基于演化经济学的研究表明，传统的"利润最大化"并非分析国有企业的有效工具，因此提出"创新型企业"的分析框架，旨在分析国有企业的可持续经营的能力。在演进积极性的"创新型企业"视角下，国有企业相对于私营企业具有战略控制、高附加值技术研究、组织整合和财务承诺等领域的优势④。因此，国有企业在可持续经营的创新领域具有非国有制企业无可比拟的优势。

（四）国有企业的社会经济效益

长期以来，国有企业所承担的社会责任成为制约国有企业运行效率提高的重要阻碍。国有企业在运行过程中除了实现自身利益最大化目标之外，还需要兼顾维护国民经济稳定运行的职能，这些职能被统称为国有企业的社会责任。国有企业要想体现其全民所有制的特殊性质，其发展成果必须要惠及于民⑤。因此，社会责任是国有企业履行自身性质和作用不可或缺的职责。但是国有企业在履行自身社会责任目标时，不可避免的会同自身效率最大化目标产生冲突。

国有企业的社会责任的研究主要是基于宏观和微观两个角度。在宏观层面上，由于国有企业在我国社会主义公有制经济中的特殊地位、性质及功能，其承担的社会责任主要集中在贯彻国家政策、保持国内经济趋势平衡、促进国家经济良性发展等方面⑥⑦。从微观角度来说，一方面，国有企业在市场中参与竞争和利润分配，其等同于一般市场主体，需要满足普通企业需要履行的一般性

---

① 李政，陆寅宏. 国有企业真的缺乏创新能力吗——基于上市公司所有权性质与创新绩效的实证分析与比较 [J]. 经济理论与经济管理，2014 (02)：27 - 38.

② 江轩宇. 政府放权与国有企业创新——基于地方国企金字塔结构视角的研究 [J]. 管理世界，2016 (09)：120 - 135.

③ 褚剑，方军雄，秦璇. 政府审计能促进国有企业创新吗？[J]. 审计与经济研究，2018, 33 (06)：10 - 21.

④ 贾根良，李家瑞. 国有企业的创新优势——基于演化经济学的分析 [J]. 山东大学学报（哲学社会科学版），2018 (04)：1 - 11.

⑤ 卫兴华. 发展和完善中国特色社会主义必须搞好国有企业 [J]. 毛泽东邓小平理论研究，2015 (03)：1 - 5 + 91.

⑥ 韩喜平，李晓琳. 我国国有企业承担社会责任问题研究 [J]. 理论探讨，2015 (01)：79 - 82.

⑦ 徐传谌，陈黎黎. 中国国有企业特殊社会责任评价体系研究——一个分类推进改革的新标准 [J]. 当代经济管理，2016, 38 (09)：26 - 29.

的法律责任和社会责任；另一方面，其也需要在产业布局、制度和技术创新等领域引领同类型企业的发展，并承担保障国家、企业、员工等多方利益的责任。

在协调国有企业的社会责任与其自身运行效率的角度上，应该通过现行法律框架下的制度创新和企业内部治理机制改革来协调处理国有企业改革过程中的效率与责任问题①。一些地方国有企业的社会负担和历史遗留问题处理得妥善与否事关本轮国企改革的成败。

国有企业运行绩效提升是各方一直关注的焦点。首先，在运行绩效方面，国有经济和国有企业依旧存在较强活力和竞争力，且其在维护社会经济稳定运行方面发挥着不可或缺的作用。但是政策性偏袒、过度投资和高市场准入壁垒等方面的制约又会阻碍国有企业运行绩效的进一步提升。国有企业改革的一个重要的方面就是通过制定合理的规则打破上述壁垒，并为国有企业运行绩效的提升提供保障。

其次，由于政府"稳增长"的经济发展目标的存在，国有企业自身规模膨胀速度过快，由此导致国有企业运行的高负债率。此外，银行等金融机构在释放贷款时所具有的"所有制偏好"以及国有企业高管特殊的晋升机制更是加剧了国有企业的高负债率现象。鉴于国有企业在国民经济和资金链条中的特殊地位，国有企业的高负债运行势必会增加国民经济运行的整体风险。通过混合所有制改革解决国有企业资金获得方式的单一性以及通过国企高管晋升机制变革切断国企高管晋升机制中的"规模偏好"可以有效降低上述风险。

再次，创新能力是国有企业长期发展的核心，在特定领域中国有企业的创新优势是其在国民经济发展中主导性地位的体现。在不同的研究视角下，对国有企业的创新效率有不同的评价。但是，国有企业并非天然不具备创新能力，国有企业在创新领域具有其自身特殊优势，通过有效的体制机制设计可以有效提高国有企业的创新能力与领导作用。

最后，国有企业自身所承担的责任中还包括一定的社会经济责任。这些社

---

① 黄群慧. 地方国资国企改革的进展、问题与方向 [J]. 中州学刊, 2015 (05)：24-31.

会责任是国有企业自身特殊性质和地位的具体表现,也为国有企业的效益提升带来了一定的阻碍。国有企业改革的目标也包括通过合理的体制机制安排,理清国有企业的社会经济责任与自身效率之间的关系,保障国有企业经济运行效率的提升和自身主导地位的发挥。

三、 国有企业的所有制结构

国有企业所有制结构改革的核心是国有企业的混合所有制改革,即通过引入民间资本和外资参与国有企业改革重组,提升国有资本运营效率和创新能力,促进国有资本放大功能、保值增值、提升国际竞争力。混合所有制改革的来源是混合经济。混合经济指私有资本主义经济与社会化经济的混合,它既有市场调节的决策分散特征,又有政府干预的决策集中特征[1]。混合所有制经济有两种理解:一是从宏观上看,一个国家和地区所有制结构是多元的,既有国有经济,又有非国有经济;二是从微观上看,企业既有国有经济成分,又有非国有经济成分[2]。

(一) 混合所有制改革的存在性和必要性

国有企业是我国社会主义经济的"顶梁柱",在我国社会主义市场经济建设过程中起着主导性的作用。但是长期以来,国有企业的管理体制和经营体制一直存在着各种各样的问题,国有企业改革仍然任重道远且十分紧迫[3]。在社会主义初级阶段,混合所有制经济是我国基本经济制度的实现形式。推行混合所有制改革的目的是巩固和完善社会主义制度,在国有企业混合所有制改革中引入非公有制资本的目的是扩大国有资本的支配范围,而不是让非公有制资本控制国有资本[4]。

① 黄群慧. 地方国资国企改革的进展、问题与方向 [J]. 中州学刊, 2015 (05): 24 – 31.
② 刘伟. 发展混合所有制经济是建设社会主义市场经济的根本性制度创新 [J]. 经济理论与经济管理, 2015 (01): 5 – 14.
③ 李政. 如何有效推进国企混改 [N]. 经济参考报, 2019 – 05 – 20 (007).
④ 周新城. 谨防以推行混合所有制为名削弱国有经济 [J]. 马克思主义研究, 2016 (12): 144 – 149.

就必要性而言，国有企业混合所有制改革有三个方面的意义：首先，国企混合所有制改革本质上是公有制实现形式的多样化；其次，国企混合所有制改革本质上也是公有制为主体多种经济成分共同发展的基本经济制度实现形式的多样化；再次，国企混合所有制改革核心是使国有资本和民营资本在一个企业内部相互融合、共同发展①。混合所有制改革并非用私有资本代替国有资本，而是要在实现国有资本和私有资本的共同发展的同时，促进国有经济更好地转型，进而更好地发展国有经济②。

（二）国有企业混合所有制改革的不同推进途径

在国有企业混合所有制改革的背景下，不同学者对混合所有制改革中引进民营资本的途径和方式有着不同的理解。

对于宏观视角下的国有企业，混合所有制改革主要包括三个推进途径。一是引入非国有资本参与国有资本改革。这是针对同产业内部一般企业相比，经营条件和利润水平较差的国有企业的混合所有制改革的推进途径；二是鼓励国有资本以多种途径入股非国有资本，这里强调的是国有资本可以依靠其较强的信贷获取能力和经营意识，帮助行业内民营资本更快走出流动性困境。三是实施员工持股计划，鼓励员工发挥其主人翁意识，提高企业内部经营效率和创新动力③。

对于地方国有企业，混合所有制改革，主要包括三种推进方式：一是国有企业的兼并重组。通过同一产业内国有企业的兼并重组，可以更好地提升企业自身的资金和创新实力，减少国际市场上的竞争性内耗，更好地发挥自身的创造性作用。二是国有企业资产的证券化。通过股份证券化吸引部分民营资本参与国有企业改革。三是实行员工持股制度。激励企业内部员工创新意识④。

对于具体企业来说，混合所有制改革主要包括三个方面：通过国有企业重

① 李政. 如何有效推进国企混改 [N]. 经济参考报, 2019 - 05 - 20 (007).
② 卫兴华. 评析当前关于国有经济的混淆认识 [J]. 毛泽东邓小平理论研究, 2016 (08)：15 - 18 + 92.
③ 李政. 如何有效推进国企混改 [N]. 经济参考报, 2019 - 05 - 20 (007).
④ 黄群慧. 地方国资国企改革的进展、问题与方向 [J]. 中州学刊, 2015 (05)：24 - 31.

组上市吸引民间资本以股份投资参与国有企业的经营与管理，并以此倒逼企业内部公司治理结构的改革和董事会制度的建立①；企业内部生产过程中的特定环节向民营资本开放，借此摆脱部分经营效率低下和产品竞争能力弱的生产环节；在国资和国企的治理结构上做相应的调整，帮助公司建立现代化企业的公司治理结构和董事会结构，并建立国有资本控股平台②。

（三）国有企业混合所有制改革的意义

首先，国有企业混合所有制改革有利于提高国有企业的创新力和经营效率。长期以来，国有企业经营效率和创新能力相对于民营企业依旧较低，民营企业由于无法获得国有企业在信贷和资本市场上的特殊优势而难以进一步发展③。通过混合所有制改革，可以促进二者有机结合，进而推动公有制和市场经济的结合④。在理论研究方面，国有企业混合所有制改革可以通过政府干预效应和代理效应等途径促进国有企业创新⑤。

其次，通过混合所有制改革可以降低企业负债率。长期以来，国企高负债率成为制约国有企业发展的突出问题，且其自身高负债率同地方财政和金融问题相互交织，埋下了很大的系统性风险⑥。已有的基于上市国有企业的研究表明，国有企业通过混合所有制改革可以有效降低企业负债和经营风险，并且相较于股权结构维度，高层治理结构维度的混合所有制改革更有助于缓解国企过度负债⑦。

再次，通过混合所有制改革，可以进一步提升企业的国际竞争力。国有企业混合所有制改革可以更好地帮助国有企业和民营企业共同"做大做优做强"，

① 綦好东，郭骏超，朱炜. 国有企业混合所有制改革：动力、阻力与实现路径 [J]. 管理世界，2017（10）：8-19.
② 平新乔. 新一轮国企改革的特点、基本原则和目标模式 [J]. 经济纵横，2015（02）：1-6.
③ 刘伟. 发展混合所有制经济是建设社会主义市场经济的根本性制度创新 [J]. 经济理论与经济管理，2015（01）：5-14.
④ 李政. 如何有效推进国企混改 [N]. 经济参考报，2019-05-20（007）.
⑤ 许为宾，周莉莉，陈梦媛. 国企混改影响企业创新投资的机制：政府干预效应还是代理效应 [J]. 科技进步与对策，2019，36（15）：77-83.
⑥ 黄群慧. 地方国资国企改革的进展、问题与方向 [J]. 中州学刊，2015（05）：24-31.
⑦ 吴秋生，独正元. 混合所有制改革程度、政府隐性担保与国企过度负债 [J]. 经济管理，2019，41（08）：162-177.

为中国企业"走出去"在国际市场上的竞争打下坚实基础①。且混合所有制改革通过促进不同股权性质的资本进行有效融合，促进国有资产保值增值和国际竞争力提升②。

最后，通过混合所有制改革，国有企业可以优化产业布局，推动整体经济结构调整③。在部分行业内，国企可以通过混改，逐步实现股权退出。混合所有制改革已经成为国有资本功能放大的重要途径。通过吸收各类资本，不仅带动了各类资本的发展，也能够放大国有资本的功能。

除此以外，还有周敏慧④等人关于垄断部门国有企业混合所有制改革的相关研究，本文暂不讨论。

国有企业混合所有制改革通过多种途径引入非公有制资本参与国有企业改革，拓展了国有企业的资金渠道，提高了融资效率，为企业内部公司治理结构改革注入活力，在推进国有企业"做强做优做大"的同时可以更好地保障国有企业主导性作用的发挥。同时，国有企业所有制层面的变革也为其监管结构和公司治理结构的改革带来了必要性。混合所有制改革的实施也会推进国有企业持续深化改革的进程。

四、 国有企业的监管体制

国有企业监管体制改革的核心是处理好政府与国有企业的关系。在改革原有的国有企业监管体制的基础上，规范国有企业运行过程中政府的管理，消除其中的弊端，提高国有企业的经济自主性和经营效率，避免国有资产的流失，并依靠监管体制改革倒逼国有企业改革。新型国有企业和国有资产管理体制主要包括三个方面："分类分层改革与监管""管资本"和"清单管理"。

① 李政. 如何有效推进国企混改 [N]. 经济参考报，2019 - 05 - 20（007）.
② 祁怀锦，刘艳霞，王文涛. 国有企业混合所有制改革效应评估及其实现路径 [J]. 改革，2018（09）：66 - 80.
③ 彭华岗. 持续推进国有企业与市场经济的深度融合 [J]. 经济导刊，2018（03）：76 - 81.
④ 周敏慧，陶然. 中国国有企业改革：经验、困境与出路 [J]. 经济理论与经济管理，2018（01）：87 - 97.

（一）分类分层改革与监管

长期以来，国有企业一直陷入不改革被诟病运行效率低下，改革被诟病国有资产流失的"改革—流失困境"之中，分类分层改革与监管为解决上述困境提供了一种新方法。

学术界对国有企业分类分层改革与监管的讨论起源于对处于垄断地位的国有企业分类改革的研究。伴随着社会主义建设进入新时代，改革开放不断深入，市场化程度逐步提高，对国有企业的改革已经从一般竞争领域拓展到垄断行业[1]。通过分类改革对国有企业所处的经营行业进行分类，针对不同类型国有企业可以采取不同措施，增强垄断国有企业所在行业的竞争性。在具体分类方面，垄断性国企可以按经济社会功能属性大致划分为一般竞争类、特种经营类、公共服务类等[2]。

在评价国有企业所处行业是否存在足够竞争力的方面，可以采用"公益—商业比"：结合行业、地区、企业属性，确定"公益—商业比"的临界值，可能实现动态划分国有企业类型[3]。"公益—商业比"较低的企业处于一般竞争领域，国有资本可以逐步从这些领域撤出，以保障国有资本的竞争性与效率[4]。

但是，在具体运行过程中，处于垄断地位的国有企业在进行分类改革以后，往往会面临着国有资产流失和国有资本运行难以为继的状况，因此需要对进行完分类改革的国有企业继续推行分层监管的体制改革，在监管层面继续减少代理层级，保障分类改革后国有资本的盈利性和使用效率[5]。国有企业改革逐步过渡到了分类分层改革与监管阶段。

分类分层改革与监管是在原有对处于垄断地位的国有企业进行分层改革的基础上，明晰公有资本的"终极所有者"权利，需要对不同政府层级的公有资

① 戚聿东，刘泉红，王佳宁. 垄断行业国企的竞争化改造与国企分类改革趋势 [J]. 改革，2017（06）：5–20.

② 潘胜文，蔡超. 政府管制视角下的国有企业分类改革 [J]. 湖北社会科学，2017（04）：64–70.

③ 徐丹丹，董莹，孔晓旭，王帅. 国有企业分类改革的操作性困境能破解吗？——基于功能变动视角的衡量分析 [J]. 经济社会体制比较，2018（04）：9–15+23.

④ 黄少安. 国企改革的原则、重点和难点 [J]. 中国经济报告，2017（10）：26–29.

⑤ 黄少安. 国企改革的原则、重点和难点 [J]. 中国经济报告，2017（10）：26–29.

产配置运营内容的监管方式加以分层①。分层监管改革的核心是组建国有资本经营公司和国有资本投资公司②。

在分类分层改革与监管的具体实施路径上，应该构建一个"三层三类全覆盖"的国有经济管理新体制，第一层次为国有经济管理委员会，第二层次为国有资本投资运营公司，第三层次为公共政策性、特定功能性和一般商业性三类国有企业。改革的最终目标是根据国有资产的定位、国有企业的实际作用和发展目标作出的基本功能界定，以便提高改革的针对性、监管的有效性、考核评价的科学性，而非任意放弃国有企业所有权甚至国资控股的主导地位③。

（二）"管资本"

长期以来，我国的国有资本的管理体制一直是以"管企业"为主，这意味着各个政府部门分别从不同职能的角度来监管企业（所谓"九龙治水"），企业的生产经营由企业厂长或经理全权负责④。但是，原有的以"管企业"为主的国有资本管理体制存在权责不清、责任不明以及重复管辖等诸多弊端，且其已经不适合新时代国有资产的多元化形态的管理。因此，国有资产的管理体制逐步过渡到了以"管资本"为主。改革的核心是政府由原先的行政管理的角色向出资人的角色转变。

构建以"管资本"为主的国有资本管理体系的内涵包括以下三点：首先，新型国有资本管理体系可以科学定义国有企业管理过程中不同主体间管理职责的边界⑤，合理规范国有企业、政府与国有资本管理体制间权责的具体划分；其次，设立国有资本的管理平台和投资平台可以统一规范国有企业的行为边际，规范国有企业和国有资本管辖主体的寻租行为⑥；再次，政府对国有企业的"放权"与"授权"是新型国有企业的监管核心⑦。

① 张晖明，张陶．国有企业改革再出发：从"分类"到"分层"[J]．学术月刊，2019，51（01）：59-67.
② 黄群慧，余菁，贺俊．新时期国有经济管理新体制初探[J]．天津社会科学，2015（01）：114-121.
③ 宋方敏．坚持"国有企业做强做优做大"和"国有资本做强做优做大"的统一[J]．红旗文稿，2018（02）：19-21.
④ 黄群慧．国企的功能定位[N]．中国黄金报，2015-11-10（005）.
⑤ 彭华岗．持续推进国有企业与市场经济的深度融合[J]．经济导刊，2018（03）：76-81.
⑥ 黄群慧，余菁，贺俊．新时期国有经济管理新体制初探[J]．天津社会科学，2015（01）：114-121.
⑦ 宋方敏．我国国有企业产权制度改革的探索与风险[J]．政治经济学评论，2019，10（01）：126-150.

构建以"管资本"为主的国有资产管理体系有三方面的意义：一是国有资本投资运营公司将国有资产监管机构和国家出资企业分隔，有利于消除政府与国有企业之间的偏颇联结关系与不当制度安排①；二是依靠国资委的宏观部署和国有资本投资运营公司的市场运作，优化国有资本布局和推进国有经济战略性调整②；三是国有资本投资运营公司和获得投资的企业都是独立的企业法人主体，可以避免国有企业获得不当竞争优势或劣势。

（三）清单管理

部分行业的准入壁垒一直是制约市场在资源配置中发挥决定性作用的关键因素。"竞争中性"原则一直是政府在处理市场中不同类型企业相互的竞争关系的基本原则，"竞争中性"原则的实现必然要求将清晰合理界定政府与市场关系的边界、重新划定政府与国有企业和民营企业关系的外延作为深化国有企业改革的基础内容③。同时，伴随着对外开放进程的加快，部分行业也将面临国外企业的冲击。为处理好不同性质的企业间的竞争关系，理清不同产业内企业的作用和性质，以市场准入负面清单为核心的清单管理应运而生。

当前我国政府管制过程中尚存在角色行为失当、权力约束失衡、责任追究失位等弊端，推行负面清单模式可以进一步推动以理清政府与市场关系、改革行政审批、破除行政垄断等为重心的政府管制法治化改革与创新④。实施市场准入负面清单管理制度是我国建立现代治理体系的重要内容，目标是从以正面清单为主的管理方式向以负面清单为主的管理方式全面转型⑤。

实行清单管理的目的是打破行政性的国有企业行政性垄断，对国有企业所在行业的隐形壁垒予以规范和整治⑥。通过清单管理整合同一市场内不同类型企业，包括国有企业、民营企业和外资企业，确保企业之间竞争的充分性，提升

① 黄速建，肖红军，王欣. 竞争中性视域下的国有企业改革［J］. 中国工业经济，2019（06）：22-40.
② 宋方敏. 我国国有企业产权制度改革的探索与风险［J］. 政治经济学评论，2019，10（01）：126-150.
③ 黄速建，肖红军，王欣. 竞争中性视域下的国有企业改革［J］. 中国工业经济，2019（06）：22-40.
④ 陈兵. 简政放权下政府管制改革的法治进路——以实行负面清单模式为突破口［J］. 法学，2016（02）：28-41.
⑤ 郭冠男，李晓琳. 市场准入负面清单管理制度与路径选择：一个总体框架［J］. 改革，2015（07）：28-38.
⑥ 陈兵. 简政放权下政府管制改革的法治进路——以实行负面清单模式为突破口［J］. 法学，2016（02）：28-41.

行业内企业整体的竞争活力和竞争效率，带动整个行业发展。

国有企业监管体制改革的核心是在保障国有企业原有性质、地位和作用的同时，通过合理的体制机制设计来提升国有经济运行效率和运行活力，防止国有资产流失。改革的侧重点是处理好政府与国有企业以及市场间的关系，让市场更好地发挥其在资源配置中的决定性作用的同时，规范政府在国有企业监管中的行为，保障不同类型的企业在市场中的充分竞争地位。

"分类分层改革与监管"的核心是通过对国有企业所处产业的划分，将监管重点重新转移和再分配。其依据国民经济不同产业所具有的性质对处在不同行业内的国有企业进行分类，并根据国有企业所处的行业对国有企业实施分类监管。逐步对一部分处在强竞争性和非核心领域的国有企业实施开放监管，使其经营活动更具有活力，并将监管的重点转移到关系国民经济发展和经济平稳运行的核心领域中的国有企业中。

"管资本"的核心是政府对国有企业的监管逻辑由"执法者"向"出资人"身份的转变。其要求通过建立国有资本监管平台，改变原有监管体系中"九龙治水"的多重监管困境，并通过引入资本市场的管理体制，更加关注国有企业经营效率和持续经营能力，保障国有企业的持续经营和发展能力，同时更好地履行自身的监管职责。

"清单管理"的核心是通过简政放权，为产业内非公有制企业的进入降低门槛，通过引入非公有制企业为国有经济和国有企业经营提供活力和竞争力。"清单管理"模式目前已经为绝大多数国家所采用，其在降低政府监管成本的同时也为持续扩大对外开放创造了新的活力。

通过不同类型监管体制相互结合，可以更好地完善对国有企业和国有资本的监管体制，为国有企业和国有资本的日常活动赋予更多自主权，保障其在市场竞争中的活力及其在国际市场上的竞争力。通过"分类分层改革与监管""管资本"和"清单管理"为国有企业和国有资本的运营和维护提供更好的保障。

五、 国有企业的经营体制

国有企业的经营体制改革是微观视角下国有企业改革的核心，是提升国有企业经营效益与竞争力、保障国有资产在国民经济运行过程中性质和作用的发挥、防止国有资产流失的重要环节。国有资产的经营体制改革主要集中在以下两个方面：一是公司治理结构的改革，二是国有企业的党组织建设。

在国有企业公司治理结构改革方面，长期以来，国有企业内部生产经营活动中所有者、董事会与高级经理人之间一直存在着权利、责任和利益之间划分不清的问题，"厂长负责制"又在另一方面加剧国有企业内部公司治理结构的失衡，形成厂长"一家独大"的畸形治理结构，阻碍了国有企业自身效率的发挥。与此同时，从传统计划经济向市场经济转轨以来，国有企业在经营层面一直面临"软预算约束"的特征①，这加剧了腐败和国有资产的流失。

同一般企业相比，国有企业的公司治理结构的目标具有多元性。其自身目标中既包含资本保值增值、对经营者的激励和约束，也包含党委和基层党组织的定位和作用问题②。前期混合所有制改革导致的产权制度变革要求国有企业公司治理结构必然变革，以新型公司治理结构保障"权利、责任和利益"三者之间的制衡，从而形成有效均衡和"激励—约束机制"，保障国有企业改革机制的有效运行，避免制度漏洞③。

在具体的公司治理结构上，应该实行党委领导下的"三会一总"（董事会、监事会、职代会和总经理）分工负责制。党组织作为公司治理结构的核心，把握公司经营中的总体职责；董事会作为公司法定股权代表机构，承担企业生产经营决策的任务；监事会对职业经理人和公司日常生产进行监督；职工代表大

---

① 刘伟. 坚持社会主义市场经济的改革方向——中国特色社会主义经济转轨的体制目标 [J]. 中国高校社会科学，2019 (02)：16-20+157.

② 黄少安. 现阶段中国国有经济定位与国有企业改革 [J]. 学术月刊，2017，49 (07)：35-44.

③ 刘伟. 坚持社会主义市场经济的改革方向——中国特色社会主义经济转轨的体制目标 [J]. 中国高校社会科学，2019 (02)：16-20+157.

会负责维护职工的权利①。

在改革路径上，部分学者基于上市国有企业的实证研究证明，就混合所有制国有企业的治理模式而言，国有控股和国有参股究竟哪种模式绩效更好，没有必然联系，关键是要真正让市场在资源配置中起决定性作用②。但是，完全市场化的"淡马锡模式"并不适用于中国当前的国情③。中国与新加坡的政治制度并不相同，国有企业还要承担维护国民经济稳定运行的使命，中国也不具备完善发达的职业经理人市场，中国国有企业的公司治理结构中也需要强调党建的作用。

在国有企业党组织建设方面，党的领导是我国国有企业的独特优势，国有企业改革要把加强党的领导和完善公司治理统一起来。基于已有研究表明，董事会党组织治理对董事会非正式等级平等化具有显著的正向影响，党组织治理对企业内部社会关系的影响可以成为实现党对国有企业治理发挥独特优势的重要途径之一，这为推行国有企业党组织发挥政治核心作用的途径与方式的创新提供了重要的机会④。

国有企业党组织可以通过企业内部治理和企业外部监管两个途径来发挥自身优势，提升国有经济运行效率。

从企业的内部治理角度来看，国有企业党委会"双向进入"程度与公司治理水平呈倒"U"型关系，与董事会效率正相关，而"交叉任职"可以显著影响公司治理水平，但董事长担任党委书记不利于公司治理水平的提高。国有企业党委会参与公司治理会增加公司冗余雇员规模，降低公司高管的绝对薪酬，抑制高管攫取超额薪酬的行为，缩小高管与普通员工之间的薪酬差距⑤。

---

① 宋方敏.把中国特色现代国有企业制度的"根"和"魂"落到实处 [J].红旗文稿，2016 (22)：12-14.

② 沈昊，杨梅英.国有企业混合所有制改革模式和公司治理——基于招商局集团的案例分析 [J].管理世界，2019，35 (04)：171-182.

③ 黄少安.现阶段中国国有经济定位与国有企业改革 [J].学术月刊，2017，49 (07)：35-44.

④ 黄文锋，张建琦，黄亮.国有企业董事会党组织治理、董事会非正式等级与公司绩效 [J].经济管理，2017，39 (03)：6-20.

⑤ 马连福，王元芳，沈小秀.中国国有企业党组织治理效应研究——基于"内部人控制"的视角 [J].中国工业经济，2012 (08)：82-95.

从国有企业的外部监管角度来看，国有企业党组织可以明显提高国有企业在出售在产时的溢价水平。通过参与董事会或监事会决策，党组织成员可以提升并购时的资产溢价。特别是当国有企业出售资产给私企（包括民资和外资）以及与外国企业并购重组时，党组织的治理可以有效提升资产溢价水平，提升国有资产的运转效率，降低国有资产的流失情况①。

国有企业内部公司治理结构的建立和国有企业党组织建设一起构成了国有企业经营体制改革的主要部分。一方面，国有企业公司治理结构改革和现代公司制度的建立可以有效提升企业运行效率，解决原有厂长负责制以及多元化经营体制的诸多弊端，建立有效的"激励—约束机制"，充分发挥市场的决定性作用，提升企业运行活力和效率。另一方面，国有企业党组织建设是新时代中国特色社会主义公司治理结构建设的重要一环，是国有企业经营体制改革的核心。国有企业党组织的建设可以有效保障国有企业在改革过程中其自身的性质、地位不发生动摇。此外，国企党建作为国有企业公司治理结构中的重要一环，可以通过内部治理和外部监管两个角度来提升国有企业的决策水平和运行效率，防止国有资产的流失。

六、 学术界对习近平总书记关于国有经济重要论述的研究

党的十八大以来，习近平总书记多次在重要场合对国有经济、国有企业与国企改革作出重要指示。总书记的讲话从支配地位、市场主体、经济战略、历史使命、企业管理与改革角度对国有企业进行了全面论述，并从战略高度提出国企改革的三个"有利于"原则，并为国企改革指明了方向，无论是对于完善社会主义市场经济理论与国有企业理论，还是对于指导国有企业社会责任理论与实践，都具有启示与借鉴价值。

---

① 陈仕华，卢昌崇. 国有企业党组织的治理参与能够有效抑制并购中的"国有资产流失"吗？[J]. 管理世界，2014（05）：106－120.

（一）两个"一以贯之"

2016年10月11日，习近平总书记在全国国有企业党的建设工作会议上强调"党对国有企业的领导是重大政治原则，必须一以贯之；建立现代企业制度是国有企业改革的方向，也必须一以贯之。"① 两个"一以贯之"的提出为新时代国有企业的改革指明了路径，即新时代国有企业发展的学理逻辑就是要通过建立中国特色现代国有企业制度充分发挥其市场化的一般性与公有制的特殊性，既要将市场化的一般性通过健全的现代企业制度体现在全球竞争力上，又要将公有制的特殊性通过坚持党的领导体现在政治核心作用上，进而把党的领导融入公司治理各环节②。

就两个"一以贯之"的理论逻辑来说，两个"一以贯之"是中国特色现代国有企业制度的两个"一以贯之"，不能理解为互不相干，而是把这两个制度融为一体而形成的制度③。其内核是将国有企业基层党组织建设融入国有企业公司治理结构中，"把企业党组织内嵌到公司治理结构之中，明确和落实党组织在公司法人治理结构中的法定地位，做到组织落实、干部到位、职责明确、监督严格。"④ 这是中国特色现代企业制度的创新，是做强国有企业的根本。一般意义的现代企业制度没有坚持党的领导这一条，不适用于中国特色社会主义的国有企业。

两个"一以贯之"也为国有企业的改革与发展指明了路径。在市场化的一般性方面，以产权改革为前提，通过组建国有资本投资运营公司实质剥离国资委对国有企业的所有权和控制权，并通过董事会和经理层的市场化选聘规范公司治理结构；在公有制的特殊性方面，坚持党的领导是中国特色现代国有企业制度的本质特征，而把党组织内嵌到公司治理结构则是党组织在国有企业中发

① 坚持党对国有企业的领导不动摇　开创国有企业党的建设新局面 [J]. 紫光阁，2016 (11)：7-8.
② 翟绪权，赵然，张行. 习近平关于国有企业两个"一以贯之"重要论述的学理逻辑探析 [J]. 福建师范大学学报（哲学社会科学版），2019 (02)：10-15.
③ 顾钰民. 习近平做大做强做优国有企业的理论逻辑 [J]. 思想理论教育导刊，2018 (01)：26-31.
④ 习近平在全国国有企业党的建设工作会议上强调坚持党对国有企业的领导不动摇开创国有企业党的建设新局面 [N]. 人民日报，2016-10-12 (1).

挥政治核心作用，并使国有企业市场化的一般性与公有制的特殊性由对立走向统一的根本①。

（二）三个"有利于"

2015 年 7 月 18 日，习近平总书记在吉林调研时强调"推进国有企业改革，要有利于国有资本保值增值，有利于提高国有经济竞争力，有利于放大国有资本功能"②，即三个"有利于"原则。三个"有利于"原则的提出无论是对于完善社会主义市场经济理论与国有企业理论，还是对于指导国有企业社会责任理论与实践，都具有启示与借鉴价值③。

一方面，三个"有利于"原则为我国国有企业改革规定了方向。国有企业改革首先要保证国有经济发展壮大，也就是要做大。在社会主义市场经济条件下，国有经济只有做大，才有经济实力来发挥主导作用。除此以外，国有企业改革必须要做强做优做大国有企业以保证国有经济竞争力。发展混合所有制经济是新形势下坚持公有制主体地位，增强国有经济活力、控制力、影响力的一个有效途径和必然选择，是基本经济制度的重要实现形式，有利于国有资本放大功能、保值增值、提高竞争力④。

另一方面，三个"有利于"也是国有企业改革成功与否的重要判断标准。对于国有企业改革发展而言，其改革发展的成效，必须有合理科学的判断标准，并以此为指导，加快推进国有企业改革发展⑤。三个"有利于"是国企深化改革的基本方针，国有企业产权组织形式的建设、监管体制的革新和经营管理体制的完善等方面的改革和检验标准都取决于三个"有利于"方针⑥。

---

① 翟绪权，赵然，张行．习近平关于国有企业两个"一以贯之"重要论述的学理逻辑探析［J］．福建师范大学学报（哲学社会科学版），2019（02）：10－15.

② 习近平．保持战略定力增强发展自信坚持中求变中求新变中求进变中突破［N］人民日报，2015－7－19.

③ 陈燕和．国有企业应该承担三个维度的社会责任——学习习近平总书记系列重要讲话的体会［J］．学术研究，2018（04）：81－87＋177－178.

④ 周新城．坚持把国有企业搞好——学习习近平视察吉林的讲话，划清马克思主义与新自由主义的界限［J］．毛泽东邓小平理论研究，2015（08）：9－12＋90.

⑤ 郭敬生．论经济新常态下的国有企业改革发展——以习近平系列重要讲话精神为主线［J］．马克思主义研究，2017（03）：68－76＋83.

⑥ 宋方敏．习近平国有经济思想研究略论［J］．政治经济学评论，2017，8（01）：3－24.

（三）工人阶级的主导地位

习近平总书记在庆祝"五一"国际劳动节暨表彰全国劳动模范和先进工作者大会上发表重要讲话时强调："不论时代怎样变迁，不论社会怎样变化，我们党全心全意依靠工人阶级的根本方针都不能忘记、不能淡化，我国工人阶级地位和作用都不容动摇、不容忽视"①。在 2016 年 10 月全国国企党建工作会议上，他又进一步明确："坚持全心全意依靠工人阶级的方针，是坚持党对国有企业领导的内在要求。要健全以职工代表大会为基本形式的民主管理制度，推进厂务公开、业务公开，落实职工群众知情权、参与权、表达权、监督权，充分调动工人阶级的积极性、主动性、创造性。企业在重大决策上要听取职工意见，涉及职工切身利益的重大问题必须经过职代会审议。要坚持和完善职工董事制度、职工监事制度，鼓励职工代表有序参与公司治理。"②

国有企业改革的核心是充分发挥工人阶级的智慧和创造性。工人阶级是确保国有企业生存发展的重要基础和依靠力量，没有工人阶级，就没有国有企业；不充分调动工人阶级的积极性和创造性，国有企业就会裹足不前③。国企改革不能忽视工人阶级的利益，在社会主义条件下，只有工人成为企业的主人，能够当家作主，在生产过程中形成平等、互助、合作的关系，国有企业才真正成为社会主义的全民所有制企业④。

坚持和完善职工董事制度、职工监事制度，鼓励职工代表有序参与公司治理是"中国特色现代国有企业制度"不可或缺的一个鲜明特色，也是党的领导在企业实现的必然要求，因为群众路线是党领导工作的基本路线⑤。

---

① 习近平在庆祝"五一"国际劳动节暨表彰全国劳动模范和先进工作者大会上的讲话摘要［J］. 吉林人大，2015（05）：1.

② 习近平在全国国有企业党的建设工作会议上强调坚持党对国有企业的领导不动摇开创国有企业党的建设新局面［N］. 人民日报，2016－10－12（1）.

③ 孔宪峰. 坚持党的领导、加强党的建设，是国有企业的"根"和"魂"——学习习近平关于加强党对国有企业领导的论述［J］. 党的文献，2018（02）：12－17.

④ 周新城. 坚持把国有企业搞好——学习习近平视察吉林的讲话，划清马克思主义与新自由主义的界限［J］. 毛泽东邓小平理论研究，2015（08）：9－12＋90.

⑤ 宋方敏. 习近平国有经济思想研究略论［J］. 政治经济学评论，2017，8（01）：3－24.

习近平总书记对于国有企业改革的重要论述为新时代国有企业改革指明了方向。两个"一以贯之"方针的提出为国有企业经营体制改革奠定了基调，国有企业内部公司治理结构改革的前提是坚持国有企业党组织在国有企业公司治理结构中的核心地位。在新时代国有企业公司经营体制中，国企党建要发挥其法人地位、监督职能和组织作用。除此以外，国有企业改革还需要坚持建立现代企业制度以提升国有企业运行效率。

三个"有利于"方针不仅是国有企业改革的目标，也是国有企业改革成功与否的重要衡量标准。国有企业改革并非要向单一所有制经济转型，而是要在保障市场经济运行体制的条件下进一步促进国有经济在国民经济运行体系中主导性地位作用的发挥，并推动国民经济的发展。

国有企业在改革中也应处理好国企工人在国有企业中的作用和地位。充分发挥国有企业工人在新型公司治理体系中的作用和地位，保障工人的合法权益不受侵害，充分发挥工人阶级的积极性和创造性作用。

七、 新时代国有企业改革发展的逻辑和路径

新时代国有企业改革是在国有企业自身性质、地位和作用的基础上，通过混合所有制改革以及其他体制机制的相关变革，提升国有企业自身的经营活力和经营绩效，降低国有企业负债率及由此引发的系统性金融风险，提升企业的创新效率及可持续经营的能力，使国有企业更好地发挥其在国民经济发展中的主导性地位和作用，保障我国社会主义市场经济的建设和平稳运行。

（一）重点研究主题

新时代国有企业全面深化改革的理论研究主要从以下三方面来推进：

1. 国有企业在新时代社会主义市场经济体系建设过程中的性质、地位和作用。这是国有企业全面深化改革的前提，是涉及国有企业改革的路径和最终目标的核心问题。国有企业改革的关键是正确处理好以国有企业为代表的公有制经济和以民营企业为代表的非公有制经济的关系，改革的目标既不是消灭非公

有制经济，更不是同化甚至消灭国有企业和公有制经济，而是为了更好地发挥国有企业在国民经济发展过程中的主导性作用，提升国有企业的运行活力和运行效率，使之更好地服务于社会主义经济建设。

2. 国有企业自身运行效率的评价。国有企业的体制机制导致其自身运行效率、创新能力、负债率和社会责任负担等方面的绩效提升存在较大的束缚。基于国有企业自身运行绩效的评价为国有企业全面深化改革提供了实证和数据层面的支撑。

3. 国有企业全面深化改革的具体路径和方式。由中央到企业，国有企业改革主要包括三个层面。一是所有企业所有制层面的混合所有制改革，通过引入非公有制资本改善国有企业的日常运行机制和具体产业布局。二是监管层面的"分类分层改革与监管""管资本"和"清单管理"。通过监管体制的改革解决国有企业运行过程中国有资产流失问题，同时为企业赋予更高的活力。三是企业经营层面的国企党建和现代公司制改革。将国企党建纳入现代国有企业特殊治理体系和治理结构中，更好地推进国有企业的竞争力建设。

三个方面的理论研究共同奠定了国有企业改革相关研究的理论基础，对国有企业改革的基本原则、问题的解决途径和方式等关键理论问题进行了具体的研究，为国有企业改革的目标、路线和整体战略提供了详细的方案，为全面增强国有经济的竞争力、创新力、控制力、影响力和抗风险能力等具体化指标提出了详细的改革措施。

（二）主要研究方法

针对国有企业改革的不同方面，不同学者采用了各具特色的研究方法，多种研究方法的相互结合、相互检验，使相关研究对于国有企业改革更加具有借鉴意义。主要的研究方法和研究内容有以下几种：

1. 实证分析方法。在国有企业运行绩效中企业运行效率和负债率的评价方面，学者们重点通过实证分析来研究国有企业运行绩效的具体情况。张天华、孙晓华和陈林等人在理论分析的基础上通过运用统计数据对面板模型的回归证明国有企业不同特征对企业运行效率的不同影响。

2. 案例分析方法。黄少安等人通过对新加坡淡马锡公司等国外国有企业改革案例的研究为我国国有企业改革的具体路径提供借鉴。以目前的中国国情为基础，比较分析国有企业改革前后公司治理状态的变化情况。

3. 交叉学科研究方法。郭冠男、陈兵等通过运用法学和经济学交叉学科研究方法，分析了国有企业的社会责任和市场准入"清单管理"下国有企业的运行效率等相关问题。通过交叉学科拓宽研究领域和研究视角，运用多学科知识进行综合研究分析，增加了研究的深度和广度。

（三）成绩与缺憾

已有的研究从国有企业改革的理论研究和改革路径层面对国有企业改革从宏观和战略层面进行了讨论，在总结已有研究成果的基础上取得了一定的成绩。

首先，对国有企业现有状态下的运行效率和持续经营能力有了更深刻的认识，通过不同方法和不同经济学范式的使用，打破了原有印象中国有企业运行效率低下的概念。在引入创新能力和社会责任概念后，对国有企业的运行绩效有了更深层的认识，国有企业并非天然效率低下，通过相关体制机制改革可以有效提升国有企业运行效率与创新可持续经营能力。

其次，对新时代国有企业改革过程中国有企业的性质、地位和作用有了更深层次的研究，为国有企业改革进程中与非公有制关系处理、国有企业发挥职能和作用以及国有企业改革方向指明了方向。国有企业改革的最终目的是更好地服务于社会主义经济建设和社会主义市场经济体系的运行。

最后，对国有企业改革的路径有了更深层次的研究。确定了国有企业混合所有制改革的基本原则，即通过引入多重所有制资本改善国有企业经营过程中的所有制偏好弊端。改革原有的国有企业监管体制，通过分类监管以及清单管理加强对国有资本而非单纯的国有企业的管理，引入资本市场运行模式对国有资本实施更加高效的管理，预防国有资产的流失。通过国企党建和现代企业制度的建立为国有企业日常经营提供更多活力，保障国有资本的竞争力。

但是，已有的研究也存在一定的缺失。一方面，对国有企业理论问题的研究已十分充分，但是对具体实践的研究还略有不足。对国有企业混合所有制改革、监管层面改革和经营体制改革的推进和具体实施路径还缺乏研究，国有企业在推进改革的过程中依旧缺乏有效的理论指导，在不同形式混合所有制改革的选择上依旧存在混乱。

另一方面，缺乏对新时代国有企业改革具体模式的研究。国有企业改革研究目前依旧处在推进阶段，改革的具体过程中没有相对统一的问题处理模式和机制，缺乏国企改革的指导手册，难以对大规模国企改革提供有效的指导，也没办法进行模式的输出。

此外，已有的对国有经济和国有企业的研究主要集中在经济学领域，缺乏政治学、管理学和法学领域的相关研究。相关领域研究的缺乏使得多学科拓展效应缺乏，且难以形成一整套体制机制来协同作用，难以为国有企业的具体改革实践提供有效指导。

（四）研究趋势的展望

已有的研究在国有企业性质、地位和作用以及国有企业效率评价和改革路径方面做了深入的研究。未来的研究将会重点结合国有企业改革实际推进层面所产生的问题来重点研究国有企业改革的落实和推进，包括国有企业混合所有制改革形式中的企业资产证券化、员工持股和企业并购重组的路径选择和具体推进方法，国有资本控股平台的建立及其与政府相关机构和国有企业间关系的处理，市场准入负面清单制度实施条件下如何保护民营企业和新型战略性产业中国有企业的主导性地位和作用，以及国有企业党组织建设过程中如何在企业治理结构中充分发挥党组织的作用和处理好其与员工控股平台的关系。

参考文献

[1] 卫兴华. 发展和完善中国特色社会主义必须搞好国有企业 [J]. 毛泽东邓小平理论研究, 2015 (03): 1 – 5 + 91.

[2] 黄少安. 现阶段中国国有经济定位与国有企业改革 [J]. 学术月刊, 2017, 49 (07): 35 – 44.

[3] 周新城. 关于两个"毫不动摇"的理论思考 [J]. 国企, 2012 (08): 72 – 77.

［4］葛扬．坚持两个"毫不动摇"是一条基本经验［N］．兵团日报（汉），2018 － 10 － 18（006）．

［5］张嘉昕，王庆琦．坚持两个"毫不动摇"是基于我国国情的现实选择［J］．红旗文稿，2018（21）：19 － 21.

［6］张嘉昕，王庆琦．坚持两个"毫不动摇"是新时代经济发展的必然抉择——警惕"所有制中性论"带来的思想混乱［J］．毛泽东邓小平理论研究，2019（08）：25 － 30 ＋ 108.

［7］吴宣恭．对社会主义市场经济特有优势与国有经济主导作用的再认识［J］．毛泽东邓小平理论研究，2015（01）：74 － 78 ＋ 92.

［8］黄群慧．国企的功能定位［N］．中国黄金报，2015 － 11 － 10（005）．

［9］张嘉昕，鞠格通．我国国有经济发展总体形势的定量分析（1993 － 2011）——对批评国有经济的实证回应［J］．马克思主义研究，2014（04）：63 － 72.

［10］程恩富．新时代为什么要做强做优做大国有企业［J］．世界社会主义研究，2018，3（03）：35 － 37.

［11］张宇．国企改革贵在守住本性［J］．中国质量，2015（06）：35.

［12］黄群慧．"十三五"时期新一轮国有经济战略性调整研究［J］．北京交通大学学报（社会科学版），2016，15（02）：1 － 14.

［13］平新乔．对于做强做优做大国有资本的若干认识［J］．经济科学，2018（01）：15 － 20.

［14］宋方敏．论"国有企业做强做优做大"和"国有资本做强做优做大"的一致性［J］．政治经济学评论，2018，9（02）：3 － 15.

［15］宋方敏．坚持"国有企业做强做优做大"和"国有资本做强做优做大"的统一［J］．红旗文稿，2018（02）：19 － 21.

［16］卫兴华．评析当前关于国有经济的混淆认识［J］．毛泽东邓小平理论研究，2016（08）：15 － 18 ＋ 92

［17］黄群慧，余菁．国有企业改革的进程、效率与未来方向［J］．南京大学学报（哲学·人文科学·社会科学），2019，56（01）：87 － 98 ＋ 160.

［18］张天华，张少华．偏向性政策、资源配置与国有企业效率［J］．经济研究，

2016，51（02）：126－139.

［19］孙晓华，李明珊.国有企业的过度投资及其效率损失［J］.中国工业经济，2016（10）：109－125.

［20］陈林.中国垄断性行业的准入壁垒及其经济绩效［J］.财经研究，2016，42（06）：87－97.

［21］黄少安，滕越洋，李冠青.规模导向、国企举债与高管晋升机制——基于2009—2017年地方国有上市企业数据验证［J］.江汉论坛，2019（06）：5－15.

［22］吴秋生，独正元.混合所有制改革程度、政府隐性担保与国企过度负债［J］.经济管理，2019，41（08）：162－177.

［23］贾根良，李家瑞.国有企业的创新优势——基于演化经济学的分析［J］.山东大学学报（哲学社会科学版），2018（04）：1－11.

［24］李政.国有企业提高自主创新能力的制约因素与驱动机制［J］.学习与探索，2013（07）：106－110.

［25］李政，陆寅宏.国有企业真的缺乏创新能力吗——基于上市公司所有权性质与创新绩效的实证分析与比较［J］.经济理论与经济管理，2014（02）：27－38.

［26］韩喜平，李晓琳.我国国有企业承担社会责任问题研究［J］.理论探讨，2015（01）：79－82.

［27］徐传谌，陈黎黎.中国国有企业特殊社会责任评价体系研究——一个分类推进改革的新标准［J］.当代经济管理，2016，38（09）：26－29.

［28］黄群慧.地方国资国企改革的进展、问题与方向［J］.中州学刊，2015（05）：24－31.

［29］刘伟.发展混合所有制经济是建设社会主义市场经济的根本性制度创新［J］.经济理论与经济管理，2015（01）：5－14.

［30］李政.如何有效推进国企混改［N］.经济参考报，2019－05－20（007）.

［31］周新城.谨防以推行混合所有制为名削弱国有经济［J］.马克思主义研究，2016（12）：144－149.

［32］平新乔.新一轮国企改革的特点、基本原则和目标模式［J］.经济纵横，2015（02）：1－6.

［33］彭华岗．从体制、机制、结构层面看国资国企改革的进展［J］．经济导刊，2019（07）：54－58.

［34］刘小鲁．国企混合所有制改革的五个关键问题［N］．中国证券报，2015－10－26（A12）.

［35］沈昊，杨梅英．国有企业混合所有制改革模式和公司治理——基于招商局集团的案例分析［J］．管理世界，2019，35（04）：171－182.

［36］祁怀锦，刘艳霞，王文涛．国有企业混合所有制改革效应评估及其实现路径［J］．改革，2018（09）：66－80.

［37］黄群慧，余菁，贺俊．新时期国有经济管理新体制初探［J］．天津社会科学，2015（01）：114－121.

［38］黄少安．国企改革的原则、重点和难点［J］．中国经济报告，2017（10）：26－29.

［39］彭华岗．持续推进国有企业与市场经济的深度融合［J］．经济导刊，2018（03）：76－81.

［40］黄速建，肖红军，王欣．竞争中性视域下的国有企业改革［J］．中国工业经济，2019（06）：22－40.

［41］陈兵．简政放权下政府管制改革的法治进路——以实行负面清单模式为突破口［J］．法学，2016（02）：28－41.

［42］郭冠男，李晓琳．市场准入负面清单管理制度与路径选择：一个总体框架［J］．改革，2015（07）：28－38.

［43］宋方敏．把中国特色现代国有企业制度的"根"和"魂"落到实处［J］．红旗文稿，2016（22）：12－14.

［44］刘伟．坚持社会主义市场经济的改革方向——中国特色社会主义经济转轨的体制目标［J］．中国高校社会科学，2019（02）：16－20＋157.

［45］黄群慧，白景坤．制度变迁、组织转型和国有企业的持续成长——深入推进国有企业改革的生态学视角［J］．经济与管理研究，2013（12）：12－22.

［46］黄文锋，张建琦，黄亮．国有企业董事会党组织治理、董事会非正式等级与公司绩效［J］．经济管理，2017，39（03）：6－20.

[47] 马连福，王元芳，沈小秀.中国国有企业党组织治理效应研究——基于"内部人控制"的视角 [J].中国工业经济，2012（08）：82－95.

[48] 马连福，王元芳，沈小秀.国有企业党组织治理、冗余雇员与高管薪酬契约 [J].管理世界，2013（05）：100－115＋130.

[49] 陈仕华，卢昌崇.国有企业党组织的治理参与能够有效抑制并购中的"国有资产流失"吗？[J].管理世界，2014（05）：106－120.

[50] 陈燕和.国有企业应该承担三个维度的社会责任——学习习近平总书记系列重要讲话的体会 [J].学术研究，2018（04）：81－87＋177－178.

[51] 周新城.坚持把国有企业搞好——学习习近平视察吉林的讲话，划清马克思主义与新自由主义的界限 [J].毛泽东邓小平理论研究，2015（08）：9－12＋90.

[52] 孔宪峰.坚持党的领导、加强党的建设，是国有企业的"根"和"魂"——学习习近平关于加强党对国有企业领导的论述 [J].党的文献，2018（02）：12－17.

[53] 郭敬生.论经济新常态下的国有企业改革发展——以习近平系列重要讲话精神为主线 [J].马克思主义研究，2017（03）：68－76＋83.

[54] 翟绪权，赵然，张行.习近平关于国有企业两个"一以贯之"重要论述的学理逻辑探析 [J].福建师范大学学报（哲学社会科学版），2019（02）：10－15.

[55] 宋方敏.习近平国有经济思想研究略论 [J].政治经济学评论，2017，8（01）：3－24.

[56] 丁堡骏.习近平同志为什么说，"国有企业加强是在凤凰涅槃中浴火重生"——习近平同志系列讲话政治经济学思想研究 [J].当代经济研究，2015（11）：10－21＋2＋97.

[57] 张国.习近平有关国有企业改革的重要论述及其贯彻执行 [J].毛泽东邓小平理论研究，2018（12）：6－12＋104.

[58] 顾钰民.习近平做大做强做优国有企业的理论逻辑 [J].思想理论教育导刊，2018（01）：26－31.

[59] 陈平，刘泽炀."稳增长"背景下国有企业信贷研究 [J].广东社会科学，2018（04）：37－43.

[60] 宋方敏.我国国有企业产权制度改革的探索与风险 [J].政治经济学评论，

2019, 10 (01)：126 - 150.

[61] 何干强. 在深化改革中做强做优做大国有企业 [J]. 马克思主义研究, 2016 (02)：56 - 65 + 78 + 159.

[62] 周敏慧, 陶然. 中国国有企业改革：经验、困境与出路 [J]. 经济理论与经济管理, 2018 (01)：87 - 97.

[63] 杨汝岱, 朱诗娥. 市场潜力、地方保护与企业成长 [J]. 经济学动态, 2015 (11)：31 - 42.

[64] 张勇. 国有工业企业的效率究竟提高没有? ——市场垄断、政府投资对国企效率的影响 [J]. 经济社会体制比较, 2017 (04)：21 - 31.

[65] 张训常, 苏巧玲, 刘晔. 政资不分：财政压力对国有企业生存发展的影响 [J/OL]. 财贸经济, 2019 - 11 - 30：1 - 15.

[66] 赵文哲, 杨继东. 地方政府财政缺口与土地出让方式——基于地方政府与国有企业互利行为的解释 [J]. 管理世界, 2015 (04)：11 - 24.

[67] 陆正飞, 何捷, 窦欢. 谁更过度负债：国有还是非国有企业? [J]. 经济研究, 2015, 50 (12)：54 - 67.

[68] 郑曼妮, 黎文靖, 柳建华. 利率市场化与过度负债企业降杠杆：资本结构动态调整视角 [J]. 世界经济, 2018, 41 (08)：149 - 170.

[69] 江轩宇. 政府放权与国有企业创新——基于地方国企金字塔结构视角的研究 [J]. 管理世界, 2016 (09)：120 - 135.

[70] 褚剑, 方军雄, 秦璇. 政府审计能促进国有企业创新吗? [J]. 审计与经济研究, 2018, 33 (06)：10 - 21.

[71] 许为宾, 周莉莉, 陈梦媛. 国企混改影响企业创新投资的机制：政府干预效应还是代理效应 [J]. 科技进步与对策, 2019, 36 (15)：77 - 83.

[72] 吴延兵. 不同所有制企业技术创新能力考察 [J]. 产业经济研究, 2014 (02)：53 - 64.

[73] 董晓庆, 赵坚, 袁朋伟. 国有企业创新效率损失研究 [J]. 中国工业经济, 2014 (02)：97 - 108.

[74] 王曙光, 王子宇. 股权结构、企业绩效与国企混改——基于 A 股上市国有企

业的实证研究［J］．新视野，2018（06）：47-54．

［75］綦好东，郭骏超，朱炜．国有企业混合所有制改革：动力、阻力与实现路径［J］．管理世界，2017（10）：8-19．

［76］戚聿东，刘泉红，王佳宁．垄断行业国企的竞争化改造与国企分类改革趋势［J］．改革，2017（06）：5-20．

［77］潘胜文，蔡超．政府管制视角下的国有企业分类改革［J］．湖北社会科学，2017（04）：64-70．

［78］徐丹丹，董莹，孔晓旭，王帅．国有企业分类改革的操作性困境能破解吗？——基于功能变动视角的衡量分析［J］．经济社会体制比较，2018（04）：9-15+23．

［79］张晖明，张陶．国有企业改革再出发：从"分类"到"分层"［J］．学术月刊，2019，51（01）：59-67．

（作者单位：哈尔滨工业大学马克思主义学院、南开大学经济与社会发展研究院）

"前三十年"为我们提供了什么样的物质基础

——基于实物指标的经济增长指数研究

周绍东　曹　席

摘要："前三十年"是指 1949 年中华人民共和国成立到 1978 年党的十一届三中全会召开这一段历史时期。"前三十年"为开创中国特色社会主义事业提供了宝贵经验、理论准备和物质基础，不能用改革开放后的历史时期否定改革开放前的历史时期，也不能用改革开放前的历史时期否定改革开放后的历史时期。由于采用货币价值形态的国内生产总值（GDP）指标测度"前三十年"经济增长状况存在严重缺陷，本文构建了一个基于实物指标的经济增长指数，应用该指数计算了 1949～1978 年我国农业、工业、商贸流通业和经济总量的年复合增长率，并以该指数为标准，对同期中国、苏联、美国和印度的经济增长状况进行了比较。结论表明：在"前三十年"，除农业增长率略低于苏联外，中国工业、商贸流通业和综合经济增长表现均优于其他三国。立足于上述定量研究，本文对"前三十年"中国经济增长作了一个简要评价。

关键词："前三十年"　增长测度　实物指标

引言

"前三十年"是指 1949 年中华人民共和国成立到 1978 年党的十一届三中全会召开这一段历史时期。在此期间，"虽然经历了严重曲折，但党在社会主义革命和建设中取得的独创性理论成果和巨大成就，为在新的历史时期开创中国特色社会主义提供了宝贵经验、理论准备、物质基础"。习近平总书记强调，"不能用改革开放后的历史时期否定改革开放前的历史时期，也不能用改革开放前的历史时期否定改革开放后的历史时期"，即"两个不能否定"。

"两个不能否定"的观点坚持了辩证法和两点论，前一个"不能否定"和后一个"不能否定"相辅相成，同等重要。然而，人们在对"两个不能否定"的实际理解和贯彻过程中，在突出后一个"不能否定"的同时，对前一个"不能否定"却有所忽视。改革开放前的历史时期取得了巨大的经济增长成就，为改革开放后的历史时期奠定了坚实的物质基础，有必要对"前三十年"中国经济增长状况进行定量评价，纠正在理解"两个不能否定"时轻视前一个"不能否定"的倾向，从而全面完整地理解"两个不能否定"。

本文的结构安排是：首先回顾了评价"前三十年"中国经济增长状况的相关研究，指出使用国民经济核算体系（SNA）中的 GDP 指标衡量"前三十年"中国经济增长状况存在严重缺陷；其次，构建出基于实物指标的经济增长指数，并以这种实物指标为标准进行经济增长的国际比较，从而得出中国"前三十年"经济增长状况的结论，为"不能用改革开放后的历史时期否定改革开放前的历史时期"的观点提供实证依据；最后是一个简短的研究展望。

一、"前三十年"中国经济增长的研究回顾

对"前三十年"的中国经济增长状况，《关于建国以来党的若干历史问题的决议》作出的结论是：在这一时期，工业上逐步建立了独立的、比较完整的工业体系和国民经济体系；农业上生产条件发生显著改变，生产水平有了很大提高；城乡商业和对外贸易也都有很大增长，人民生活比新中国成立前有了很大的改善。因而，总的说来，"前三十年"中国经济建设取得了巨大成就。

在学界，大部分研究对"前三十年"中国经济增长持积极肯定态度。郭根山、刘玉萍（2007）认为，在"前三十年"，虽然人民生活水平提高幅度低于经

济增长幅度，但人民生活还是取得了很大改善；按可比价格计算的国民收入年均增长率达到了6.0%，保持了持续的高速增长。这一时期是中国社会主义建设事业取得光辉成就的历史时期，为中国进一步发展奠定了重要基础。朱佳木（2009）认为，在"前三十年"，我国初步建立起了独立的比较完整的工业体系和国民经济体系，一定程度上改变了1949年之前工业集中于沿海地区的不合理布局，并通过大规模农田水利基本建设和发展化肥、农药、农用机械等工业，大大改善了农业生产条件。1949年至1978年，我国工农业总产值年均递增8.2%，不仅高于所有发展中国家，也高于同期发达国家，为开辟中国特色社会主义道路积累了雄厚的物质技术基础。梅宏（2012）认为，在"前三十年"，中国基础设施建设取得重大成绩，工业总产值增长了30倍，成功建立了完善的工业体系，工业门类齐全程度、技术水平和开发能力在发展中国家中是首屈一指的，并在部分领域接近甚至达到发达国家水平。同时，创建了覆盖面广、方便群众、适应中国国情的医疗卫生保障制度，人均寿命在发展中国家中几乎居于最高水平，人民的生活水平也有了好转，人均GNP年平均增长4.18%，在社会主义阵营中是最好的。李媛、任保平（2015）对改革开放前中国经济社会发展状况进行了量化研究，结论认为，虽然改革开放前中国的经济发展排名比较落后，但在相继考虑了经济遗产和外部环境后，中国的综合排名有了明显上升，这说明，中国改革开放前的发展为改革开放后的经济起飞奠定了坚实基础。

当然，"前三十年"经济增长也暴露出一些问题，特别是形成了粗放型的经济增长模式。简新华、叶林（2011）认为，改革开放以前，中国经济增长以数量规模扩张、外延扩大、高投入、高消耗、高积累、低消费、内需推动、重工业优先、重速度、轻效益为其基本特征，这种方式造成了产业结构失调、技术进步缓慢、经济效益低下和人民生活水平提高不理想等问题。

上述学者普遍采用当前国际上流行的国内生产总值（GDP）指标来衡量"前三十年"的经济增长，这种评价方法关注的是国民收入的货币价值形态，而不是实物产量形态。然而，采用GDP指标衡量"前三十年"中国经济增长存在着很大缺陷，有可能导致对"前三十年"经济增长水平的严重低估。为此，笔者将构建出基于实物指标的经济增长指数，以此来定量测度中国"前三十年"经济增长状况，并在此基础上进行国际比较。

二、 采用 GDP 指标衡量 "前三十年" 中国经济增长的缺陷

国内生产总值（GDP）指一个国家或地区所有常驻单位，在一定时期内生产的全部最终产品和服务价值的总和，GDP 常被认为是衡量国家或地区经济状况的指标。GDP 作为 SNA[①] 的核心指标，是衡量一个国家的总体经济状况的重要指标，然而，将 GDP 指标运用于中国"前三十年"经济增长核算，会带来以下问题。

"前三十年"我国使用的是物质产品平衡表体系（MPS）来进行国民经济核算。MPS 采用的是限制性生产观，它对生产的定义只限于物质产品生产和生产性劳务，相应的，社会产品只是物质产品生产部门和提供生产性劳务部门的生产成果。所以，MPS 把工业、农业、建筑业、货物运输业和商业通称为五大物质生产部门，并将这五大物质生产部门的生产活动成果作为社会产品价值核算的内容。至于其他部门，如文化教育、医疗卫生、公用事业、生活服务等，由于不生产物质产品，被称为非物质生产部门。这些部门所提供的服务活动，无论是为生产服务的，还是为其他部门或居民服务的，都不计算其产值，只作为对物质生产部门所创造价值的再分配。SNA 则采用综合性生产观，它将所有创造效用并取得收入的活动，不管是生产物质产品还是提供各类服务，一律看作是生产活动。也就是说，SNA 的生产范围除了农业、工业、建筑业、货物运输业、商业等物质生产部门外，还包括了除个人自我服务以外的各个社会服务领域。SNA 的社会产品——商品，是有形的物质产品与无形的劳务产品的合称，它的核算范围不仅包括物质产品，也包括劳务。因此，根据 MPS 计算得出的中

---

① SNA 是一种国民经济核算体系，适用于市场经济条件下的国民经济核算，首创于英国，继而在经济发达国家推行，现已为世界上绝大多数国家和地区所采用。它以全面生产的概念为基础，把国民经济各行各业都纳入核算范围，将社会产品分为货物和服务两种形态，完整地反映全社会生产活动成果及其分配和使用的过程，并注重社会再生产过程中资金流量和资产负债的核算。它运用复式记账法的原理，建立一系列宏观经济循环账户和核算表式，组成结构严谨、逻辑严密的体系。

国"前三十年"社会产品价值小于根据 SNA 核算的国内生产总值（GDP），造成低估中国"前三十年"价值形态的国民收入。

第一，SNA 采用市场价格评价物品与劳务，它没有把在市场之外进行的经济活动所创造的价值包括进来。中国"前三十年"采用的是计划经济体制，自由市场发挥作用的范围很小，国家对大部分工农产品进行统购统销，资源主要由政府直接配置，在这种情况下，社会产品的价值不会通过竞争性的市场体系反映为市场价格。同时，还有一部分工农产品价格被国家通过强制手段压低，造成当时核算的国民收入比市场价格形态的国民收入要低很多。受低价格的影响，把工农业产值直接作为 GDP，会导致对中国"前三十年"实际经济规模的第二次低估。

第二，GDP 采用的是"国土原则"，即只要是在本国或该地区范围内生产或创造的价值，无论是外国人或是本国人创造的价值，均计入本国或该地区的GDP。我国在"前三十年"受到西方资本主义国家的经济封锁，处于半封闭状态，很难通过引进外资和外国劳动力来发展经济，这使得中国经济增长和价值创造主要都是依靠国内投资而形成的。因而，受 GDP 核算口径的影响，"前三十年"的实际经济规模被再一次低估。

总之，受到以上这些因素的影响，中国"前三十年"以价值形态计算的国民收入会被一而再、再而三地低估，这使得 GDP 指标已经不能真实反映当时中国的经济增长状况，这也要求我们开发出不同于价值形态经济增长指标的定量测算方法，对"前三十年"中国经济增长状况进行实事求是的评价。

三、 构建基于实物指标的经济增长指数

为了避免用价值形态计算国民收入所带来的弊端，笔者打算构建一种基于实物指标的经济增长指数来衡量国民收入。具体做法是：第一步，选择几种有代表性的工农业品的产量和商贸流通业的货运量作为实物指标；第二步，运用层次分析法确定这些实物指标在各自产业以及这三大产业在国民经济中的权重；

第三步，根据权重将各实物指标作指数化处理，从而实现实物指标无量纲化；第四步，根据经济指数和年复合增长率公式计算国民经济增长状况[①]。为此，有必要首先介绍一下国民收入的价值形态和实物形态，以及用价值形态和实物形态计算国民收入的各自优点和弊端。

（一）国民收入的价值形态和实物形态

国民收入是衡量一国或一地区经济增长状况的基本指标，它是指物质生产部门的劳动者在一定时期所创造的价值，是一国生产要素（包括土地、劳动、资本、企业家才能等）所有者在一定时期内提供生产要素所得的报酬，即工资、利息、租金和利润等的总和。在使用价值上，国民收入由体现新创造价值的生产资料和消费资料所构成。国民收入有价值形态和实物形态两种表现方式，其中，价值形态的国民收入等于社会总产值减去已消耗生产资料价值，而实物形态的国民收入等于社会总产品减去已消耗生产资料。

采用价值形态表示国民收入，可利用商品共有的价值属性，换算成同一的货币单位求和，从而用总价值来表示国民收入和经济增长状况，但计算得出的国民收入易受市场价格变动的影响，不能完全反映经济增长的真实情况和所创造的实际价值。实物形态国民收入采用实际产量来衡量经济状况，这自然能够真实直观地体现经济发展水平，然而，由于实物种类繁多，又具有不同的度量单位（如一台机器、两千克粮食、三吨运量等），多样化的量纲使得无法进行实物加总，这也导致简单地用实物形态来计算国民收入在事实上是不可能的。

所以，笔者首先选择了具有代表性的有限的实物指标作为国民收入，再通过对这些实物指标的指数化处理实现无量纲化，以此解决实物种类繁多和单位不一而无法直接加总的问题，同时又可克服采用价值形态计算国民收入时带来的货币名义值波动的缺点。

（二）基于实物指标的经济增长指数构建

在现代经济体中，农业、工业和商贸流通业包含了国民经济的绝大部分内

[①] $P = n\sqrt{P_2/P_1} - 1$，$P_2 = P_1 * (P+1)\hat{\ }n$（P是年复合增长率，n是年数，$P_1$是初值，$P_2$是终值）

容，是国民经济发展的基石和主体所在，只要抓住主要的工农业品产量和商贸流通业运量，就能反映出国民经济的发展概况了。因而，可以在工农业和商贸流通业的产出中选取若干实物指标，来反映一国工农业和商贸流通业的发展概况，并将其综合起来反映一国的国民收入和经济增长的基本面貌，笔者选取小麦、稻谷、棉花等主要农产品的产量来反映农业增长状况，选取原油、发电、原钢等主要工业品的产量来反映工业增长状况，选取铁路货物周转量、公路货物周转量、水路货物运输量来反映商贸流通业增长状况，并综合三方面的增长状况来反映国民经济总体增长状况。当然，各种实物产出在农业、工业和商贸流通业中，以及工农业和商贸流通业在国民经济中，具有的重要性和所处的地位是不同的，为此，笔者拟采用层次分析法来确定它们的相对权重。

层次分析法（AHP）是指将与决策有关的元素分解成目标、准则、方案等层次，在此基础之上进行定性和定量分析的决策方法。它分为建立层次结构模型、构造判断（成对比较）矩阵、层次单排序及其一致性检验、层次总排序及其一致性检验这样四个步骤。其中，构造判断（成对比较）矩阵是关键步骤。构造判断（成对比较）矩阵是指，在确定各层次、各要素之间的权重时，不是把所有要素放在一起比较，而是采用相对尺度，两两相互比较，以尽可能减少性质不同的诸因素相互比较的困难，提高准确度，而对两两比较的结果则按其重要性程度评定等级，并置于一矩阵中。这种按两两比较结果构成的矩阵称作判断矩阵，其中：

$$a_{ij} = \frac{1}{a_{ji}}$$

a_{ij}为要素 i 与要素 j 重要性比较结果（见表1）。

表1　要素 i 与要素 j 的相对重要性及数值表示

要素 i 比要素 j	量化值
同等重要	1
稍微重要	3
较强重要	5

（续表）

要素 i 比要素 j	量化值
强烈重要	7
极端重要	9
两相邻判断的中间值	2，4，6，8

经过层次单排序及其一致性检验、层次总排序及其一致性检验，就能确定某一层次所有要素对于最高层（总目标）相对重要性的权值。我们根据主要农产品、主要工业品、主要运力在农业、工业、商贸流通业中的相对重要性，以及农业、工业、商贸流通业在国民经济中的相对重要程度，对它们进行了赋值（见表2-5）。

表2　主要农产品判断矩阵

	小麦	稻谷	原棉	水产品	猪	牛
小麦	1	1/3	1/3	5	3	5
稻谷	3	1	3	5	3	5
原棉	3	1/3	1	3	1	3
水产品	1/5	1/5	1/3	1	1/3	1
猪	1/3	1/3	1	3	1	3
牛	1/5	1/5	1/3	1	1/3	1

表3　主要工业品判断矩阵

	原油	电力	原钢	水泥	汽车
原油	1	1	1	5	7
电力	1	1	1	3	5
原钢	1	1	1	3	5
水泥	1/5	1/3	1/3	1	1/3
汽车	1/7	1/5	1/5	3	1

表4 商贸流通业主要运力判断矩阵

	铁路货物周转量	公路货物周转量	水路货物运输量
铁路货物周转量	1	3	3
公路货物周转量	1/3	1	1
水路货物运输量	1/3	1	1

表5 农业、工业和商贸流通业判断矩阵

	农业	工业	商贸流通业
农业	1	1/3	1
工业	3	1	3
商贸流通业	1	1/3	1

经过层次单排序及其一致性检验、层次总排序及其一致性检验后得出，在对农业增长的贡献份额中，小麦产量权重为20%，稻谷为37%，棉花为19%，水产品为6%，猪出栏为13%，牛出栏量为5%。在对工业增长的贡献份额中，原油产量的权重为32%，发电量为27%，原钢产量为26%，水泥产量为7%，汽车产量为8%。在对商贸流通业增长的贡献份额中，铁路货物周转量的权重为60%，公路货物周转量为20%，水路货物运输量为20%。在对经济总量增长的贡献份额中，农业增长的权重为20%，工业增长的权重为60%，商贸流通业增长的权重为20%。

设1949年农业产量指数为1，1978年小麦、稻谷、原棉、水产品、猪、牛产量指数分别为a_1、a_2、a_3、a_4、a_5、a_6，1978年农业产量指数为a，1949～1978年小麦、稻谷、原棉、水产品、猪、牛产量的年复合增长率分别为A_1、A_2、A_3、A_4、A_5、A_6，1949～1978年农业年复合增长率为A，则：

$$a_1 = 0.2 * (A_1 + 1)\char94 30$$

$$a_2 = 0.37 * (A_2 + 1)\char94 30$$

$$a_3 = 0.19 * (A_3 + 1)\char94 30$$

$$a_4 = 0.06 * (A_4 + 1)\char94 30$$

$$a_5 = 0.13 * (A_5 + 1)\char94 30$$

$$a_6 = 0.05 \,^*(A_6 + 1)\char"5E 30$$

$$a = a_1 + a_2 + a_3 + a_4 + a_5 + a_6$$

$$A = \sqrt[30]{a/1} - 1$$

设 1949 年工业产量指数为 1，1978 年原油、发电、原钢、水泥、汽车产量指数分别为 b1、b2、b3、b4、b5，1978 年工业产量指数为 b，1949～1978 年原油、发电、原钢、水泥、汽车产量的年复合增长率分别为 B1、B2、B3、B4、B5，1949～1978 年工业年复合增长率为 B，则：

$$b_1 = 0.32 \,^*(B_1 + 1)\char"5E 30$$

$$b_1 = 0.27 \,^*(B_2 + 1)\char"5E 30$$

$$b_3 = 0.26 \,^*(B_3 + 1)\char"5E 30$$

$$b_4 = 0.07 \,^*(B_4 + 1)\char"5E 30$$

$$b_5 = 0.08 \,^*(B_5 + 1)\char"5E 30$$

$$b = b_1 + b_2 + b_3 + b_4 + b_5$$

$$B = \sqrt[30]{b/1} - 1$$

设 1949 年商贸流通业运力指数为 1，1978 年铁路、公路、水路运力指数分别为 c_1、c_2、c_3，1978 年商贸流通业运力指数为 c，1949～1978 年的铁路货物周转量、公路货物周转量、水路货物运输量的年复合增长率分别为 C_1、C_2、C_3，1949～1978 年商贸流通业年复合增长率为 C，则：

$$c_1 = 0.6 \,^*(C_1 + 1)\char"5E 30$$

$$c_2 = 0.2 \,^*(C_2 + 1)\char"5E 30$$

$$c_3 = 0.2 \,^*(C_3 + 1)\char"5E 30$$

$$c = c_1 + c_2 + c_3$$

$$C = \sqrt[30]{c/1} - 1$$

设 1949 年的经济总量指数为 1，1978 年的经济总量指数为 d，1949～1978 年经济年复合增长率为 D，则：

$$d = 0.2 \,^*a + 0.6 \,^*b + 0.2 \,^*c$$

$$D = \sqrt[30]{d/1} - 1$$

（三）基于实物指标的"前三十年"中国经济增长状况

通过对相关统计资料的整理，得出了我国 1949～1978 年主要农产品、工业品和商贸流通业实物指标的年复合增长率（见表 6 - 8）。

表 6　中国主要农产品产量和年复合增长率（1949～1978 年）

	1949 年	1978 年	年复合增长率
小麦	1380	5385	4.64%
稻谷	4865	13695	3.51%
棉花	44.5	216.7	5.42%
水产品	45	466	8.10%
猪	5775	30129	5.66%
牛	4393	7072	1.60%

注：小麦、稻谷、棉花、水产品产量单位为万吨，猪、牛出栏量单位为万头

表 7　中国主要工业品产量和年复合增长率（1949～1978 年）

	1949 年	1978 年	年复合增长率
原油	12	10405	25.30%
发电	43	2566	14.60%
原钢	15.8	12431.4	24.89%
水泥	66	6524	16.55%
汽车	0.01	14.91	27.58%

注：原油、原钢、水泥产量单位为万吨，发电量单位为亿度，汽车产量单位为万辆

表 8　中国商贸流通业主要运力和年复合增长率（1949～1978 年）

	1949 年	1978 年	年复合增长率
铁路货物周转量	184	5345.19	11.89%
公路货物周转量	8.14	274.14	12.44%
水路货物运输量	2543	43292	9.91%

注：铁路货物周转量、公路货物周转量单位为亿吨公里，水路货物运输量单位为万吨

根据上文构建的经济增长指数计算后得出，1978 年中国农业产量指数为

4.13，农业年复合增长率为 4.84%；1978 年中国工业产量指数为 472.04，工业年复合增长率为 22.78%；1978 年中国商贸流通业运力指数为 27.57，商贸流通业年复合增长率为 11.69%；1978 年中国经济总量指数为 289.78，年复合增长率为 20.80%（见图 1 - 2）。

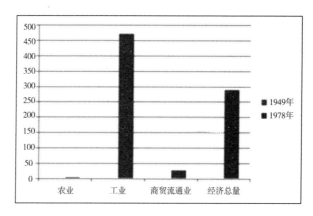

图1　我国农业、工业、商贸流通业、经济总量的增长指数

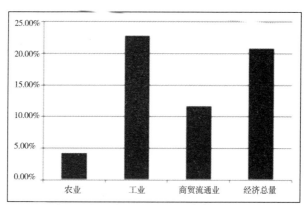

图2　我国农业、工业、商贸流通业、

经济总量的年复合增长率（1949～1978 年）

四、基于实物指标的 "前三十年" 经济增长国际比较

为了对"前三十年"中国经济增长表现形成更为直观、准确的认识，笔者选取了苏联、美国和印度三个国家进行国际比较。苏联是当时世界上最大的社会主义国家，美国是最大的资本主义国家，印度作为与中国几乎同时取得民族

独立的发展中国家,采用了资本主义制度模式。通过对相关统计资料的整理,计算得出 1949～1978 年中国、苏联、美国、印度的主要农产品、主要工业品、主要运力的年复合增长率。(见表9-11)

表9 1949～1978 年中苏美印主要农产品年复合增长率 单位:%

	小麦	稻谷	棉花	水产品	猪	牛
中国	4.64	3.51	5.42	8.10	5.66	1.60
苏联	5.60	8.15	3.99	5.86	5.25	2.43
美国	1.48	4.03	-1.28	1.08	-0.23	1.23
印度	5.98	2.79	3.24	4.70	3.21	1.03

表10 1949～1978 年中苏美印主要工业品年复合增长率 单位:%

	原油	发电	原钢	水泥	汽车
中国	25.30	14.60	19.34	16.55	27.58
苏联	9.93	9.53	6.44	9.59	7.00
美国	1.72	6.51	1.90	2.60	0.94
印度	13.49	10.92	6.85	7.67	5.09

表11 1949～1978 年中苏美印主要运力年复合增长率 单位:%

	铁路货物周转量	公路货物周转量	水路货物运输量
中国	11.89	12.44	9.91
苏联	6.46	10.45	6.16
美国	1.64	5.11	3.11
印度	4.93	8.66	4.38

根据上文阐明的方法,中国、苏联、美国、印度在 1978 年的农业产量指数分别为 4.13、6.55、2.41、3.13,1949～1978 年的年复合增长率分别为 4.84%、6.47%、2.98%、3.88%,"前三十年"中国农业年复合增长率超过了美国和印度,和苏联相差不大。中国、苏联、美国、印度在 1978 年的工业产量指数分别为 472.04、13.02、3.04、23.2,1949～1978 年的年复合增长率分别为 22.78%、

8.93%、3.78%、11.05%，"前三十年"中国工业年复合增长率远超苏联、美国和印度，大约是苏联的 3 倍，美国的 7 倍，印度的 2 倍。中国、苏联、美国、印度在 1978 年的商贸流通业运力指数分别为 27.57、9.07、2.37、5.68，1949～1978 年的年复合增长率分别为 11.69%、7.63%、2.92%、5.96%，"前三十年"中国商贸流通业的年复合增长率超过苏联、美国和印度，大约是苏联的 1.5 倍，美国的 3 倍，印度的 2.4 倍。(见图 3-5)

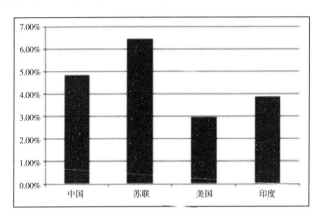

图 3　中苏美印农业年复合增长率 (1949～1978 年)

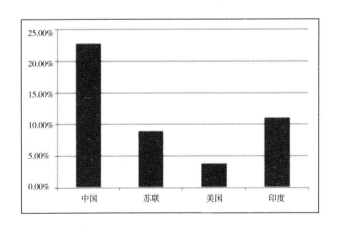

图 4　中苏美印工业年复合增长率 (1949～1978 年)

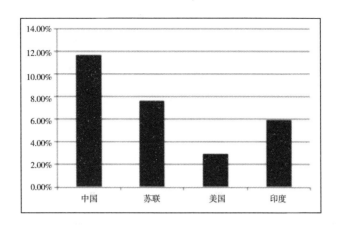

图5　中苏美印商贸流通业年复合增长率（1949～1978年）

1949～1978年中国、苏联、美国和印度的经济总量的年复合增长率分别为20.80%、8.30%、3.47%、9.61%。"前三十年"中国经济增长率超过同期苏联、美国和印度，大约为苏联的2.5倍，美国的6.8倍，印度的2.2倍。（见图6－7）

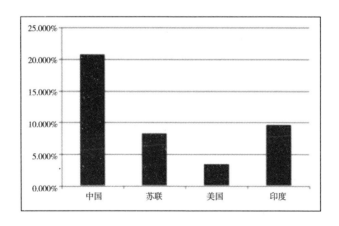

图6　中苏美印经济总量年复合增长率（1949～1978年）

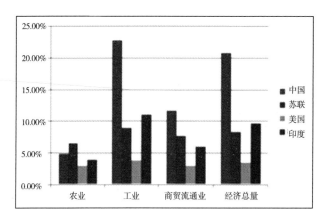

图7　中苏美印农业、工业、商贸流通业、经济总量的年复合增长率（1949~1978年）

结语

很显然，采用总量指标来判断"前三十年"为改革开放后的时期提供了怎样的物质基础，这种做法是不可取的，无论是从总值还是人均值来分析，要求一个"一穷二白"的国家只用三十年就成长为世界经济强国，这本身就不符合经济发展规律。因此，只能从相对量视角出发，测算我国"前三十年"的经济增长速度，从而对这一历史时期的经济表现作出合理判断。

本文设计了一个基于实物指标的经济增长指数，通过计算得出："前三十年"中国农业年均复合增长率为4.84%，工业为22.78%，商贸流通业为11.69%，中国经济总量的年均复合增长率为20.80%。如采用GDP指标，则1949~1978年中国经济总量的年复合增长率为6.44%。显然，用GDP指标计算得出的"前三十年"中国经济增长率明显低于基于实物指标的经济增长率，这表明，用GDP指标衡量经济增长有可能造成对"前三十年"中国实际增长水平的严重低估。在国际比较方面，除农业外，"前三十年"的中国工业、商贸流通业和经济总量增长率超过了同期苏联、美国和印度。基于本文的计算结果，我们认为，"前三十年"的高速经济增长体现了社会主义经济制度的巨大优越性，展现出良好的经济发展势头，为中国经济在1978年后的腾飞打下了坚实的物质基础，进行了充分的物质准备。而只有通过实物指标增长状况的比较，才能够全面、完整地反映这一客观事实。

当然，笔者所构建的经济增长指数也有不完善之处。首先，我们选择部分工农业产品作为衡量经济增长的代表性指标，但这种做法的主观性是比较明显的；其次，在确定这些指标的份额和权重时采用层次分析法，而判断矩阵的赋值同样具有很强的主观性。降低判断矩阵赋值的主观性，更加客观地根据各指标在经济增长中的实际贡献确定权重，还需要进一步努力。总之，由于用价值形态和实物形态来衡量经济增长具有各自的优势和劣势，如何在思路和方法上进行创新，构建出一种更加完善的经济增长指数来全面反映经济增长的真实水平，这还需要学界共同努力，希望本文提出的这一经济增长指数对该问题的研究能够有所裨益。

参考文献

［1］习近平. 在庆祝改革开放 40 周年大会上的讲话［M］. 北京：人民出版社，2018.

［2］习近平. 习近平谈治国理政（第一卷）［M］. 北京：外文出版社，2018.

［3］胡怀国. 探寻中国特色社会主义政治经济学的思想史基础［J］. 经济思想史研究，2019（1）：1－20.

［4］关于建国以来党的若干历史问题的决议［M］. 北京：人民出版社，2018.

［5］郭根山，刘玉萍. 改革开放以前新中国经济增长存在的问题及原因分析［J］. 河南师范大学学报：哲学社会科学版，2007（4）：196－199.

［6］朱佳木. 我们应当怎样看待新中国的两个 30 年［J］. 思想理论教育导刊，2009（11）：10－15.

［7］梅宏. 如何正确看待新中国成立后的两个 30 年［J］. 中国井冈山干部学院学报，2012（4）：61－66.

［8］李媛，任保平. 改革开放前中国经济社会发展绩效评价［J］. 经济学家，2015（10）：42－49.

［9］简新华，叶林. 改革开放前后中国经济发展方式的转变和优化趋势［J］. 经济学家，2011（1）：5－14.

［10］范慕韩.世界经济统计摘要［M］.北京：人民出版社，1985.

［11］世界经济统计简编［M］.北京：生活·读书新知三联书店，1983.

［12］国外经济统计资料（1949年—1976年）北京：中国财政经济出版社，1979.

［13］武力.中华人民共和国经济史［M］.北京：中国时代经济出版社，2009.

［14］国家统计局国民经济综合统计司.新中国五十年统计资料汇编［M］.北京：中国统计出版社，1999.

（作者单位：武汉大学马克思主义学院）

征稿启事

《经济思想史研究》是由中国社会科学院中国文化研究中心、中国政治经济学学会、武汉大学马克思主义理论与中国实践协同创新中心、武汉大学人文社会科学青年学术团队（中国特色社会主义政治经济学话语体系研究）联合创办的理论刊物，主要发表经济思想史学科的论文、译文、综述、书评以及经济学家学术访谈。本刊欢迎马克思主义政治经济学思想史、西方经济学思想史、中国古代和近现代经济思想史、中国当代经济思想史等各个学科门类的经济思想史研究作品。

本刊只接收电子邮件投稿，来稿以 1 万至 2 万字为宜，欢迎长稿。来稿请发送至编辑部电子邮箱（jjsxsbjb2018@163.com），我们将在收到稿件之日起一个月内发出通知，告知作者是否录用，在此期间请勿另投他处，否则由此引起的一切法律责任由作者自负。

本刊采用匿名审稿制度，作者信息请单独附页，正文中请勿出现一切有可能泄露作者身份的信息。

欢迎您的来稿，感谢您对本刊的关注和支持！

《经济思想史研究》编辑部

2020 年 11 月